속을 털어놓으면 정말 너와 친해질까

속을 털어놓으면 정말 너와 친해질까

초판 1쇄 발행 2016년 6월 21일
초판 5쇄 발행 2020년 10월 23일

지은이 —— 최창호
펴낸이 —— 최용범
펴낸곳 —— 페이퍼로드
편 집 —— 박강민, 김종오
마케팅 —— 정현우
관 리 —— 강은선

출판등록 —— 제10-2427호(2002년 8월 7일)
주 소 —— 서울특별시 동작구 보라매로5가길 7 1322호
전 화 —— (02)326-0328
팩 스 —— (02)335-0334
이메일 —— book@paperroad.net
홈페이지 —— www.paperroad.net
블로그 —— blog.naver.com/paperoad
페이스북 —— www.facebook.com/paperroadbook

ISBN 979-11-86256-27-5 03180

속을 털어놓으면 정말 너와 친해질까

너와 나를
위한
관계의
심리학

최창호 지음

페이퍼로드
paperroad

관계를 알면 인생이 즐겁다

필자는 사람을 좋아한다. 그리고 좋은 사람을 만나서 함께 작당하는 것도 좋아한다. 그러다 보니 사람들 속에 이루어지는 따스한 얘기, 훈훈한 얘기, 흐뭇한 얘기를 나누다 보면 이것이야 말로 행복이구나 싶을 때가 많다. 물론 갈등과 다툼, 고집불통 때문에 이따금 투덜이가 될 때도 있긴 하지만 사람들 속에 있는 게 행복할 때가 많다. 그러나 그로 인해 아내의 잔소리를 듣는 경우도 종종 있다.

"너무 사람을 좋아하는 것 아냐?" "도대체 매일 그렇게 밤늦게까지 무슨 얘기들을 하는 거야?"

그 후, 필자의 사교 모임에 몇 번 동석했던 아내는 별로 중요하지도 않은 일로 밤새우며 떠들어대는 남자들의 수다에 질렸다면서 요즘은 그러려니 한다.

사람과 사람 사이의 관계를 이해한다는 건 결코 쉬운 일이 아니다. 오죽하면 '열 길 물속은 알아도 한 길 사람 속은 모른다'고 했는지 한 해 한 해 나이가 들수록, 사람들을 많이 만날수록 더 절실하게 느낀다. 친구 사이, 연인 사이, 부부 사이, 부모 자녀 사이에서 요즘 방송에서 많이 다루는 내연 남녀들의 이야기, 정치인들의 이야기에 이르기까지 너무도 복잡하고 다양하며 난해하다.

인본주의 심리학 분야를 개척한 미국의 심리학자 아브라함 매슬로Abraham Maslow는 사람의 욕구를 다섯 단계로 나누었는데 ① 생리적 욕구, ② 안전에 대한 욕구, ③ 애정과 소속에 대한 욕구, ④ 자기존중의 욕구, ⑤ 자아실현의 욕구가 바로 그것이다. 물론 좀 더 세분화하면 심미적 욕구와 인지적 욕구도 있고, 그 위에 메타 욕구도 있지만 이 욕구 위계이론에서 '관계'에 관한 이야기는 '생리적 욕구'와 '애정과 소속에 대한 욕구' 두 가지가 해당한다.

매슬로의 이론에 따르면 사람은 하위 단계의 욕구가 채워져야 그다음 단계의 욕구가 발생한다고 한다. 가장 본능적 욕구인 생리적 욕구를 달성해야 다음 단계의 욕구로 옮겨갈 수 있는 것이다. 하위 단계를 차지하는 생리적 욕구는 크게 다섯 가지, 5F

로 이루어져 있다. Fighting(공격성), Fucking(성욕), Feeding(식욕), Fleeing(도피욕구), 그리고 마지막으로 함께 살아가고자 하는 Flocking(친화욕구)이다.

사람들이 함께 모여 살고 어울리는 것은 본능적이기도 하고, 가장 생존적인 행위이기도 하다. 그러다가 조금 더 안전한 상황에 놓이면 누군가를 사랑하고자 하고, 어딘가에 소속하고자 하는 욕구가 발동한다. 이쯤 되면 인생의 또 다른 고민이 시작된다. 누군가를 사랑하고 어떤 사람과 친하게 지내는 까닭은 본능적인 것도 있겠지만 사회적 차원과 경제적 차원 그리고 심리적 차원에서 복잡한 관계들이 등장하기 때문이다.

어떤 사람하고는 말이 필요 없이 친해지기도 하고, 어떤 사람하고는 친해지고 싶어도 맘처럼 되지 않는다. 또 어떤 경우에는 나와 코드가 딱 맞는 것 같은데, 어떤 부분에서는 전혀 맞지 않는다. 단순 노출 효과에 따라서 "자주 만나면 친해질 수 있을까?" 동조 댄스 이론에 따라 "상대방의 행동을 무의식적으로 따라 하면 좋아질까?" 아니면 "상대방에게 내 마음을 툭 털어놓으면 가까워질까?" 도대체 감을 잡기 어렵다. 그렇다면 사람을 움직이는 데는 어떤 원리가 작용하고 있는 것일까? 이 질문의 해답을 심리학에서는 어떻게 말하고 있을까?

이십여 년 전, 이런 해답을 찾기 위해서 심리학 실험을 뒤져 쓴 책이 바로 『무엇이 사람을 움직이는가』라는 책이었다. 쉰다섯 가지 심리학 실험을 인용해서 인간관계의 원리를 정리했고, 이

어서 사람의 마음을 움직이는 키워드를 연구하며 『마음을 움직이는 77가지 키워드』라는 책을 썼다. 그 저술을 바탕으로 모처럼 개정판을 내게 되었다. 이십 년 전에 책을 쓸 때와 지금, 사람들이 살아가는 이야기나 현상은 조금 다를지 모르지만 그 내면은 크게 변하지 않고 비슷하다.

1967년, 스탠리 밀그램Stanley Milgram이라는 유명한 심리학자는 '작은 세상 실험Small World Experiment'을 통해 대부분의 사람들이 여섯 단계를 거치면 연결된다는 '케빈 베이컨의 6단계 법칙The Six Degrees of Kevin Bacon'을 정리했다. 이후 인터넷과 소셜네트워크 서비스가 등장하고, 소통 수단이 다양해지면서 케빈 베이컨의 6단계 법칙이라는 인간관계 법칙이 4단계로 좁혀졌다. 더 나아가 페이스북의 힘을 통해 3.57단계까지 가까워졌지만, 표현이 식스 픽셀 법칙Six Pixels of Separation으로 불릴 뿐이지 큰 변화는 없다.

나홀로족이 점점 늘어나고 혼자가 편한 세상에 새삼스럽게 사람과의 관계 이야기를 들고나와 생뚱맞을 수도 있다. 그러나 게임 중독, 스마트폰 중독, 은둔형 외톨이, 묻지마 범죄 등에서 나타나는 공통적인 심리적 특성은 고독이다. 현대사회에서 인간의 고독은 너무 지나치다. 부디 이 책이 날로 격해지고 심각해지는 세상에서 사람들이 살아가는 데, 서로를 이해하고 보듬어 주는 데 보탬이 되길 바란다.

오래전에 함께했던 이진아 실장님과 김민기 실장님이 고맙게 떠오르고, 필자에게 관심을 두고 이 책을 출간해주신 페이퍼로드의 최용범 사장님께 감사드린다.

끝으로 그동안 필자의 인간관계에 도움을 준 지인들에게도 고맙고, 항상 필자의 인간관계를 이해해주고 배려해주는 사랑하는 아내와 건강하고 씩씩하게 자라면서 모든 발달심리학적인 사건들을 아빠에게 선물해주는 큰아들 규민이와 둘째 아들 규연이에게도 고마운 마음을 전한다. 마지막으로 얼마 전, 늦둥이로 태어난 막내딸 서율이가 예쁘고 건강하게 자라주길 기원한다.

2016년 6월

최창호

차 례
Contents

들어가며 4

01 | 비밀을 털어놓으면 빨리 친해진다 • 자기노출과 호감 12

02 | '듣기만 하는 사람'은 친구가 없다? • 상호작용적 자기노출 19

03 | 첫인상, 3초의 힘 • 후광 효과 23

04 | 미남 미녀의 실수는, 이뻐! • 실수 효과 29

05 | 두 살배기도 인종차별을 한다 • 편견 효과 34

06 | 생산성은 관심의 정도에 비례한다 • 호손 효과 40

07 | 자의식은 거울을 보며 자란다 • 자의식과 거울 실험 45

08 | 누군가 지켜보면 행동이 달라진다 • 피험자 편파 51

09 | 미팅은 못생긴 친구랑 가라구? • 대비 효과와 발산 효과 56

10 | 부정적 특징일수록 더 강하게 전달된다 • 부정성 효과 60

11 | 수학 선생님이 싫으면 수학도 싫은 심리 • 감정전이 63

12 | 튀는 고기가 먼저 도마에 오른다 • 현저성 효과 68

13 | 모일수록 게을러지는 사람들 • 사회적 태만 실험 72

14 │ 모일수록 힘이 나는 사람들 • 사회적 촉진 실험 ·········· 77

15 │ 왜 승객이 택시기사 편을 들게 될까 • 내집단과 외집단 ·········· 84

16 │ 목격자의 증언은 얼마나 믿을 수 있는가 • 목격자 증언 실험 ········· 88

17 │ 예비군복을 입으면 사람이 달라진다? • 몰개성화 ·········· 93

18 │ 별명에 따라 행동도 달라진다 • 낙인 효과 ·········· 98

19 │ '경쟁'의 심리학 • 경쟁과 갈등 ·········· 102

20 │ 내기에 진 사람이 큐대를 놓지 않는 심리 • 좌절 효과 ········· 107

21 │ 죽음에 이르는 병, 절망 • 학습된 무기력 ·········· 111

22 │ 작은 부탁이 통하면 큰 부탁도 통한다 • 문간에 발 들여놓기 ········· 116

23 │ 큰 요구를 먼저 하면 작은 요구는 들어준다 • 면전에서 문 닫기 ······· 121

24 │ 심리적인 예방주사도 필요하다 • 면역 효과 ·········· 128

25 │ 나 지금부터 광고한다 • 사전경고와 설득 효과 ·········· 133

26 │ 무의식이 나를 조종한다 • 스트루프 효과 ·········· 137

27 │ 이번 카드는 틀림없이 스페이드A일 거야 • 공정세상관 실험 ·········· 142

28 │ 족집게 점술가의 비밀 • 바넘 효과 ·········· 147

29 │ 약속은 공개될수록 지켜진다 • 떠벌림 효과 ·········· 152

30 │ "넌 할 수 있어"라고 말하면 할 수 있다 • 피그말리온 효과 ·········· 157

31 │ 좋은 얘기도 한두 번 • 심리적 포만 ·········· 161

32 │ 누구를 위해 회개하는가 • 고백 효과 ·········· 165

33 │ '부당한 명령'에 따른 자는 무죄인가 • 응종 실험 ·········· 169

34 │ 함께 결정할수록 극으로 치닫는다 • 극화 현상 ·········· 176

35 │ 목격자가 많을수록 왜 신고는 늦어지는가 • 방관자 효과 ·········· 180

36 | 지나친 '본때'는 역효과만 가져온다 • 잔물결 효과 ················· 187

37 | 우리가 유행을 따르는 이유 • 동조 실험 ·························· 190

38 | 사람과 사람이 모여 사는 이유 • 군집 실험 ························ 197

39 | 부드러운 처벌이 더 위력적이다 • 위협의 효과 ··················· 202

40 | 샐러리맨의 생명은 샐러리 • 크레스피 효과 ······················ 205

41 | 행동으로 거짓말을 읽어낼 수 있을까 • 거짓말 탐지 실험 ········ 208

42 | 죄수의 딜레마 게임 • 합영갈등과 비합영갈등 ··················· 214

43 | 이럴 때 사람은 공격행동을 한다 • 욕구좌절과 분노 ············· 220

44 | 소음은 사람을 어떻게 변화시킬까 • 소음과 도움행동 ··········· 226

45 | 아무리 시끄러워도 내 이름은 들린다 • 칵테일 파티 효과 ······· 232

46 | 원수도 함께 지내면 친구가 된다 • 균형 이론과 관계의 원리 ···· 236

47 | 좁은 공간은 속도 좁게 해 • 고립 효과 ·························· 243

48 | 한 번 체한 음식을 쳐다보기도 싫은 이유 • 가르시아 효과 ······ 248

49 | '상표충성도'가 생기는 심리학적 과정 • 인지부조화 ············· 252

50 | 혀끝에서만 맴도는 말 • 설단 현상 ······························ 256

51 | 멍때리는 시간의 힘 • 회상 효과 ································· 260

찾아보기 ··· 263

01
비밀을 털어놓으면 빨리 친해진다
● 자기노출과 호감 ●

김명호 씨는 절친한 고객이 많기로 소문난 세일즈맨이다. 신참 하나가 비결을 묻자 김씨는, "기회를 봐서 네 속 얘기를 털어놓으라구. 그럼 상대방은 이쪽을 아주 친밀한 사이로 여기게 되거든."하고 말하며 너털웃음을 터뜨린다. 비법을 깨우친 그 신참은 만나는 고객마다 "사실은 제가 고민이 있는데요……."하고 자신의 속말을 꺼내보였다. 하지만 그는 고객과 친해지는 데 매번 실패했다. 어째서 그런 일이 벌어진 것일까?

사람들은 서로 친해질수록 자기를 드러낸다. 자기가 혼자 고민하던 것을 친구에게 털어놓으면 그 고민이 훨씬 줄어드는 것 같다. 이해해주고 믿어줄 만한 사람에게 고민거리를 털어놓을 수 있는 사람은 행복한 사람이다. 그저 누군가에게 자신의 문제를 털어놓는 것만으로도 문제는 반쯤 해결된 거나 다름없다.

한데, 어떤 사람들은 잘 알지 못하는데도 불구하고 자기 이야기를 속속들이 다 털어놓고 내밀한 고민까지 꺼내놓는다. 그러나 사람들은 친하지도 않은 사람이 자신을 지나치게 드러내는 것을 별로 좋아하지 않는다.

일반적으로 사람들은 마음을 열고 자신의 이야기를 하는 사람을 좋아하지만, 눈치 없이 '자기노출Self-Disclosure'을 하는 사람보다는 상황과 관계에 맞춰 적절하게 자기노출을 하는 사람을 더 좋아한다. 자기노출은 친밀한 감정과 중요한 정보를 남과 함께 나누는 것을 의미한다. 자기개방이라고 불리기도 하며, 일반적으로 친숙해질수록 그 범위와 깊이가 늘어난다. 여기에는 행동과 같이 피상적인 사실들을 꺼내놓는 기술적 노출과 감정이나 의견, 프라이버시와 관련된 감정들을 나타내는 평가적 노출이 있다.

김명호 씨와 신참의 차이는 여기에 있었다. 자기노출은 상대방과 조심스럽게 속도를 맞출 경우에만 상대방에게 호감을 일으키는 것이다(알트만Irwin Altman과 테일러Dalmas Taylor). 캐플란과 그의 동료들은 자기노출 효과에 관해 한 가지 실험을 해보았다 (1974).

실험자들은 남자 대학생들을 실험실로 오게 하여 다른 세 가지 조건에서 면접을 했다. 하나의 조건은 매우 공식적이었다. 장식을 붙이고 양탄자를 깐 방은 경영과 기업 연구서들로 꾸며져 있었고 면접자는 경영학과 학생인 것처럼 가장했다(높은 공식집단). 다음 조건에서는 심리치료 문헌이 책장에 꽂혀 있었고 면접자는 임상심리학 전공 대학생인 것처럼 꾸몄다(중간 공식집단). 마지막 조건에서는 결혼 카운셀링과 성 관련 문헌들로 방을 꾸몄고, 면접자는 성 관련 카운셀링 방법을 배우고 있는 학생이었다(낮은 공식집단).

면접자들은 피험자에게 '당신은 얼마나 자주 자위행위를 합니까.' '당신 어머니의 싫은 점을 써주십시오.'처럼 매우 친밀한 관계에서나 물을 수 있는 질문들을 하거나, '당신이 좋아하는 영화는 무엇입니까?' '당신은 얼마 동안을 자야 기분이 상쾌합니까?'와 같이 친밀하지 않은 관계에서도 주고받을 수 있는 질문을 했다. 그리고 각 질문 다음에 '면접자'가 얼마나 능숙한지 측정하는 것처럼 해서, 피험자에게 호감을 나타내는 버튼을 누르게 했다.

그 결과 면접자에 대한 호감은 친밀하지 않은 질문을 한 '낮은 공식집단'에서 가장 높았다. 반면에 친밀한 질문을 한 '높은 공식집단'의 호감은 가장 낮았다.

이러한 현상은 공식적 분위기와 덜 친밀한 관계에서 성급하게 너무 깊은 수준의 자기노출을 요구했기 때문에 일어난 것이다. 서로 잘 모르는 경우에는 사적이고 친밀한 질문보다는 일단 날씨나 세상 돌아가는 얘기를 하는 편이 상대방에게 훨씬 더 호감을 줄 수 있다.

자기노출은 서로에게 위협이 되지 않을 만큼 충분한 여유를 가지고 이루어져야 한다. 만일 너무 빠르게, 너무 개인적인 영역에서 자기를 드러내면 사람들은 불안을 느끼고 상대방을 경계하게 될 것이다. 사람들은 너무 빠르고 강하게 다가오는 사람을 불편해한다.

자기노출 범위의 결정

앞의 실험에서 살펴보았듯이 상황과 관계에 맞지 않는 자기 드러내기나 상대방에 대한 드러내기 요구는 상대방에게 경계심을 일으켜 관계 발전에 별로 도움이 되지 않는다. 그러므로 상황과 관계에 맞춰 적절히 자신을 드러내는 것이 분위기에 맞지 않는 자기노출을 예방하는 길이다.

자기노출의 깊이와 범위는 사람의 성격과 경험, 서로의 관계에 따라 결정된다. 특히 서로 얼마나 친숙하고, 얼마나 친밀한

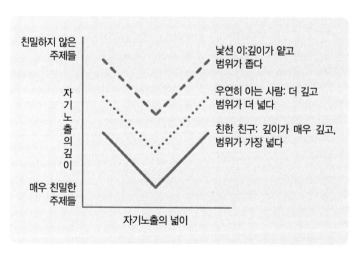

낯선 이들에 대한 쐐기는 좁고 피상적이다. 그에 비해 친한 사람에 대한 쐐기는 더 깊고 더 넓다 – 알트만과 헤이돈William Haythorn, 1965

지에 따라 자기노출의 넓이와 깊이가 결정된다. 이렇게 대인관계에서 친밀성을 획득하는 과정을 '사회적 침투 Social Penetration'라고 한다(알트만과 테일러, 1973).

피상적인 관계에서 친밀한 관계로 발전함에 따라 사람들은 개인적인 것들을 점점 더 많이 개방한다. 자신의 개인적 관계나 생활에 관한 광범위한 주제들을 토의하고 다양한 활동들을 함께 하며, 관계는 좁은 쪽에서 넓은 쪽으로, 얕은 쪽에서 깊은 쪽으로 발전한다.

이러한 단계들은 마치 한 사람이 타인의 성격과 사회생활의 경험들 속으로 침투해 들어가는 쐐기에 비유된다.

친해질수록 내밀하고 민감한 주제에 대해서 부담 없이 이야기를 나눌 수 있게 되는 것이다. 그러므로 관계에 따라 적절한 주제를 선택해서 이야기하고, 관계에 따라 자기노출의 범위와 깊이를 조절할 줄 아는 사람이 대인관계를 지혜롭게 해결할 줄 아는 사람이라 할 수 있다.

심리학 상자
plus

1. 심리적 정화 : 답답한 심정이나 화나는 감정을 상대방에게 그저 표현하는 것만으로도 심리적 정화를 느끼기 때문에 자기노출

을 한다.

2. 자기명료화 : 사람들은 어떤 사람에게 자신의 감정과 경험을 이야기하는 과정에서 자기 문제를 더 분명히 알게 되거나 어떤 주제에 대한 생각을 더 뚜렷이 갖게 되기도 한다. 그러한 이점이 있기 때문에 사람들은 자기노출을 하고 다른 사람들과 대화하고, 상담하려고 한다.

3. 사회적 확인 : 사람들은 자신의 견해와 자신이 알고 있는 정보에 대해 이야기하고 남들의 반응을 살핌으로써 그것이 정확한지를 확인한다. 그러한 사회적 확인을 위해 사람들은 자기노출을 하면서 상대방의 반응을 살핀다.

4. 사회적 통제 : 프라이버시를 보호하거나, 인상이 좋아 보이도록 하기 위해 심지어 사기를 치기 위해, 자신의 인상을 사회적으로 관리하고 자기노출을 한다.

5. 관계 발전 : 처음에는 몰랐던 타인에 대한 배경 정보를 얻을 수도 있고, 서로의 공통점과 흥미를 발견함으로써 관계의 발전을 이룰 수 있기 때문에 사람들은 자기노출을 한다. 〈데어레가 Valerian Derlega와 그르첼라크Janusz Grzelak(1979)의 활용〉

02
'듣기만 하는 사람'은 친구가 없다?
● 상호작용적 자기노출 ●

　오승희 씨는 친구가 없다. 아니 어려운 일이 있을 때면 그녀를 찾는 친구가 몇 있기는 하다. 그녀가 친구들의 고민이나 걱정거리를 '잘 들어주기' 때문이다. 그저 묵묵히 들어주고, 고개를 끄덕여주고 하다 보면 친구들은 어느새 후련한 얼굴로 작별인사를 하곤 했다.

　덕분에 친구들 사이에서 '남의 얘기를 잘 들어주는 친구'라는 소리를 자주 듣지만, 정작 문제는 다른 곳에 있었다. 그녀에게 이따금 '하소연'을 하는 친구들도, 여행이라도 갈 때면 자기들끼리만 어울릴 뿐, 막상 그녀에게 '절친한 친구' 대우를 해주는 친구는 없었다. 왜 그럴까?

인간관계는 내가 나에 대해 드러내놓는 만큼 상대방도 자신을 드러내놓아야 발전한다. 상대방이 개인적인 이야기를 하면 사람들은 대개 그에 맞는 수준의 개방을 하는 것이 보통이다. 그렇지 않으면 친밀한 관계가 이루어지기 힘들다.

'자기노출'에도 상호성이라는 일종의 룰이 존재한다. 상대방이 나에게 자신을 노출시키면 나도 상대방에게 비슷한 수준으로 자기개방을 해야 한다는 심리적 압력을 받게 된다. 이러한 과정이 잘 이루어져야 서로 더 친해질 수 있는 것이다.

Psycho **LAB**

실험자는 두 여자 배우들을 주인공으로, 학교 식당에서 첫 대면하는 네 가지 상황을 비디오로 만들었다. 첫 번째 경우, 한 여자가 자신의 첫 성교 파트너 얘기를 털어놓자(높은 수준의 자기노출), 다른 여자는 자기 어머니가 정신병원에 입원해 있다는 사실을 말해주었다(높은 수준의 자기노출). 두 번째 경우, 한 여자가 학교 버스 통학권이 불편하다고 말하고(낮은 수준의 자기노출), 다른 여자는 자기가 다녔던 고등학교에 대해서 이야기 했다(낮은 수준의 자기노출). 세 번째 경우는 한 사람은 높은 수준, 다른 사람은 낮은 수준으로 자기노출을 했고, 네 번째 경우는 그 반대로 연출했다.

그런 다음 피험자들에게 네 가지 경우의 비디오를 보여주고, 얼마나 호감이 가는지를 평가하도록 했다. 실험 결과 두 사람이 같은 수준의 친밀감을 보인 첫 번째와 두 번째 조건이 세 번째와 네 번째 조건보다 두 여자에 대한 호감이 더 높은 것으로 나타났다. 상대방에 비해 자신을 너무 적게 개방한 세 번째 조건의 여자는 차가운 사람으로 간주되었고, 상대방에 비해 더 많은 자기 노출을 한 네 번째 조건의 여자는 어딘가 모자라는(부적응된) 사람으로 간주되었다.

		B의 자기노출	
		고	저
A의 자기노출	고	매우 호감(I 조건)	차갑다(III 조건)
	저	부적응적이다(IV 조건)	매우 호감(II 조건)

· A와 B의 자기노출에 따른 인상 평가 ·

이 실험은 오승희 씨에게 친구가 없는 이유를 명쾌하게 설명해준다. 오씨는 '남의 말을 잘 들어주기' 때문에 편안하긴 하지만, 막상 '나와 마음이 통하지는 않는 친구'로 여겨진 것이다(실험에서 세 번째 조건의 여자와 같은 경우이다).

상호성은 두 사람의 관계를 더 밀접한 관계로 발전시키는 밑바탕이 된다. 한 사람이 일방적으로 이끌고 다른 사람은 일방적으로 이끌리는 관계는 없다. 그러므로 친숙한 대인관계를 이루기 위해서는 상대방의 입장을 고려하며, 일방적이 아닌 상호작용을 통해 자기를 드러내는 것이 중요하다.

심리학 상자

밀접한 관계와 상호의존

　서로 밀접하게 된다는 것은 상호의존이 늘어나는 것을 뜻한다. 상호의존은 주로 오랜 시간에 걸쳐 자주 상호작용하고, 다양한 활동을 함께 경험할 때 늘어난다. 상호의존이 늘면 서로 친밀함을 느끼게 되는데, 그럴 경우 상대방에 대한 영향력도 더불어 늘어나게 된다.

1단계 영의 접촉(zero contact)단계
서로를 지각하기 전이며, 서로 직접적인 교류가 없는 사이

2단계 인식(awareness)단계
한 사람이 다른 사람을 지각하지만 서로 직접적 접촉은 없는 사이

3단계 표면적 접촉(surface contact) 단계
서로 이야기하거나 편지, 전화를 거는 것과 같이 상호의존하는, 즉 관계가 시작되는 사이

4단계 상호성(mutuality) 단계
서로 감정, 신념, 행동에 영향력을 발휘하는 사이로 점차 교류의 폭과 깊이가 증가하는 사이

〈레빙거George Levinger와 스노크Diedrick Snoek, 1972에서 활용〉

03

첫인상,
3초의 힘

• 후광 효과 •

어느 중간고사 시험에 첫인상과 후광 효과에 대해서 쓰라고 했더니 한 학생이 답안지에 가수 김건모의 노래 '첫인상'의 가사를 적어놓아 어리둥절한 적이 있었다. 다음 시간에 누군지 나와 보라고 했더니 작고 귀여운 남학생이었다. 그 노래를 한번 불러 보라고 했더니 열심히 몸까지 흔들며 노래를 부르는 것이 아닌가? 그 학생에 대한 나의 첫인상은 '참 괴짜구나!'였다.

사람들은 한정된 정보에 기초해서 남을 평가하고 그것을 기반으로 인상을 형성하는 경향이 있다. 사람들은 대개 첫 번째 만남에서 상대방의 인상에 대한 평가를 내린다. 사회생활에서 첫

인상의 비중이 큰 이유도 여기에 있다.

여기서 잠깐, 첫인상의 중요성을 연구하기 위해 애쉬_{Solomon Asch}가 했던 고전적인 실험(1946) 한 가지를 들춰보자.

Psycho **LAB**

먼저 가상적인 인물을 설정, 그의 성격을 묘사하는 형용사들을 나열하여 피험자들이 그에게 느끼는 인상을 쓰게 했다. 한 집단에게는 '똑똑하다, 근면하다, 충동적이다, 비판적이다, 고집이 세다, 질투심이 강하다'의 순으로, 즉 긍정적 형용사에서 부정적 형용사의 순서로 읽어주었다. 다른 집단에게는 같은 형용사들을 순서만 거꾸로 뒤집어 읽어주었다.

그 결과 피험자들은 긍정적인 형용사들이 먼저 제시되었을 때 상대방을 더 호의적으로 평가하는 것으로 나타났다.

긍정 → 부정	I 집단	똑똑하다. 근면하다. 충동적이다. 비판적이다. 고집이 세다. 질투심이 세다.	긍정적 평가
부정 → 긍정	II 집단	질투심이 강하다. 고집이 세다. 비판적이다. 충동적이다. 근면하다. 똑똑하다.	부정적 평가

이 같이 먼저 제시된 정보가 나중에 제시된 정보보다 더 큰

영향력을 발휘하는 것을 초두 효과Primacy Effect라고 한다. 초두 효과는 주로 시간적 여유가 없거나 정보가 빈약할 때, 그리고 판단의 중요성이 그다지 높지 않을 때 특히 잘 나타난다.

이 초두 효과가 인상 형성에서 큰 몫을 하기 때문에, 모든 인간관계에서는 첫인상의 비중이 높을 수밖에 없다. 그런가 하면, 사람들은 일단 한번 판단하게 되면 그 판단을 일관성 있게 지속하려는 경향을 가지고 있다. 그러한 경향 가운데 대표적인 것이 후광 효과Halo Effect다. 후광 효과는 인상 형성에서 처음 제시된 자극이 뒤에 제시되는 자극에 영향을 미쳐 전체 판단을 결정짓는 데 큰 부분을 차지하는 현상을 말한다.

우리는 처음 소개받거나 업무상 만나는 모든 사람들에 대해 나름의 인상을 갖는다. 인상은 그 사람과의 이후 관계에 지속적으로 영향을 미치는데, 후광 효과는 바로 그런 현상을 일컫는다. 초두 효과는 첫인상의 중요성을 단적으로 보여주며, 후광 효과는 그렇게 형성된 첫인상이 이후 대인관계에서 얼마나 중요한 역할을 하는지를 보여준다.

그러나 첫인상의 위력을 논할 때 우리는 항상 첫인상의 한계와 첫인상이 일으키는 오해의 가능성에 대해 깊이 생각해봐야 한다. 첫인상은 단편적인 정보나 겉모습만으로 이루어진다. 빈약한 정보만을 가지고 내린 한 사람에 대한 평가에는 오해와 편견이 있을 수밖에 없다. 만약 같은 조직에서 첫인상이 나쁘다는 이유로 누군가와의 관계를 끊는다면 그 사람을 볼 때마다 겪을

스트레스 또한 만만치 않을 뿐더러 그의 진가를 알 기회를 영원히 잃어버릴 수도 있다.

인상 판단은 항상 신중하게 이루어져야 한다. 더욱 중요한 것은 꾸준한 관계 속에서 이루어져야 한다는 점이다. 모쪼록, 나를 보여줄 때는 첫인상의 위력을 명심하고, 남을 평가할 때는 첫인상의 한계를 유념할 일이다.

심리학 상자

인상 판단에서 주의할 점 5가지

1. 일관성 오류 – 사람들은 한번 판단을 내리면 상황이 달라져도 그 판단을 지속하려는 욕구를 가지고 있다. 하지만 인상은 상황에 따라 얼마든지 달라질 수 있음을 염두에 두자. 특히 후광 효과가 지나치게 작용하는 것을 경계해야 한다.

2. 긍정적 편향 – 사람들은 일반적으로 남을 평가할 때 부정적 평가보다는 긍정적 평가를 많이 한다. 이러한 현상을 관대성 효과, 긍정성 편향, 낙천성 원리라고도 하는데, 인상을 판단할 때는 좀 더 냉정한 판단이 요구된다. 특히 다른 사람의 인상 판단에서 일어나는 긍정적 편향을 인물 긍정성 편향이라고 한다.

3. 부정적 효과 – 부정적 특성은 긍정적 특성보다 인상 형성에 많은 영향을 준다. 이것은 평균원리의 예외로, 부정적 평가가 독특한 힘을 발휘해 인상 형성을 왜곡하는 경우가 많으므로 전반적인 인상평가를 할 때 각별한 주의가 필요하다.

4. 유사성 가정 – 사람들은 몇몇 특성(예컨대 인종, 종교, 경제적 지위 등)이 같을 때 상대방을 자신과 유사하다고 판단하는 경향이 있다. 그러나 사람마다 개인차가 있음을 염두에 두지 않으면 정확한 인상 평가에 실패할 가능성이 높다.

5. 인지적 구두쇠 – 사람들은 인상 형성뿐 아니라 세상사를 바라

보고 판단할 때 가능하면 노력을 덜 들이면서 결론에 이르려고 하는 인지적 구두쇠Cognitive Miser다. 이러한 사람들의 속성을 '인지절약의 원리'라고 하는데, '척하면 삼천리'와 같은 인상 판단은 신속하긴 하지만 정확성이 떨어질 수 있으므로 주의해야 한다.

인상 형성에서 초두 효과가 일어나는 이유

첫째, '맥락 효과'를 꼽을 수 있다. 처음에 제시된 정보가 상황을 형성하고, 나중에 제시되는 정보들이 앞서 형성된 상황에 따라 해석되는 것이다. 같은 '지적이다.'라는 말도 냉정하고 잔인한 사람에게라면 부정적인 의미를 띠게 되지만, 남을 잘 보살펴주는 사람에게라면 우호적인 뜻으로 바뀌게 된다. 이는 '지적이다.'라는 단어가 맥락에 따라 의미의 변화를 일으키기 때문이다.

둘째, 사람의 정보처리에는 한계가 있다. 따라서 뒤에 들어오는 정보에 대해서는 주의력이 떨어져 초두 효과가 일어난다.

셋째, 사람들은 일단 정보를 획득하면 그에 맞게 상대방의 인상에 대한 하나의 도식Schema을 형성한다. 그리고 이후에는 그 도식에 맞지 않는 정보를 받아들이지 않는 경향이 있는데, 이러한 점도 초두 효과의 원인이 된다.

04
미남 미녀의 실수는, 이뻐!

● 실수 효과 ●

　자칭타칭 '연애박사'인 홍영수 씨는 과연 그럴 만한 인물이다. 외모도 준수하고, 직업도 안정적이고, 잡기도 오만 가지 능하지 않은 것이 없다. 하지만 정작 홍 씨의 '연애성공술'은 엉뚱한 데 있었다. 동료 여직원이 보는 앞에서 '아차'하고 컵을 깨뜨리고는 멋쩍게 웃는다거나, 첫 데이트에서 극장표를 잃어버리고 온다거나, 한두 가지 빈틈을 슬쩍 내보이는 것이다.

　이것저것 못하는 것 없이 지나치리만큼 잘난 사람이 사소한 것에서 실수하면 그에 대한 인상이 더 좋아진다. '그 사람도 나처럼 실수를 할 때도 있구나'라는 안도감이 작용해서일까. 모든 것이 완벽한 사람보다 잘났지만 어떤 면에서는 허점이 있는 사람이 더 좋다. 왜 그럴까?

심리학에서는 대인매력을 결정하는 개인의 특징 중에 대표적인 것으로 성실성, 유능성, 다정다감, 신체적 매력 등을 꼽는다. 그중에서도 유능한 사람들이 일반적으로 더 호감을 받고, 유능한 사람이 사소한 실수를 한 경우에는 오히려 호감도가 더 증가한다. 이 사실은 애론슨Elliot Aronson 등이 1966년에 했던 실험으로 확인되었다(1966). 이런 현상을 '실수 효과Pratfall Effect'라고 한다.

Psycho **LAB**

우리나라의 '1대 100'과 비슷한 '대학 퀴즈 상' 대회에 참가하였던 한 학생에 대한 녹음 기록을 들려주었다. 대회에 참가한 한 학생은 거의 모든 질문에 답을 맞혔다. 또 다른 한 학생은 보통 정도의 실력을 보였다. 그리고 애론슨 등은, 퀴즈가 끝난 다음 학생들이 자신의 옷에 커피를 엎지르는 소리를 실험 참가자들에게 들려주었다.

그 결과, 사람들은 유능한 학생에게 더 많은 호감과 매력을 느꼈다. 즉, 질문에 척척 대답한 학생은 보통 수준의 학생보다 더 많은 호감을 얻었다. 그리고 똑같이 척척 대답한 학생을 놓고 커피를 엎지르는 조건만 달리했을 때는, 커피를 엎지른 쪽이 엎지르지 않은 쪽보다 훨씬 더 호감을 얻었다.

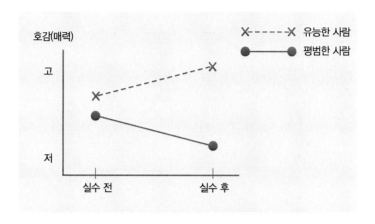

커피를 엎지르는 행동은 유능한 학생을 보다 인간적으로 보이게 만들었고 사람들은 그 모습에 더 많은 호감을 느꼈던 것이다. 그러나 보통 수준의 학생인 경우 커피를 엎지른 조건은 커피를 엎지르지 않은 경우보다 호감을 덜 받았다.

이 실험은 완벽하고 유능한 사람일수록 때로는 가벼운 실수가 호감을 높일 수 있음을 보여준다. 하지만 평범한 사람인 경우 같은 실수일지라도 오히려 더 무능하게 보이게 된다는 사실 또한 알려주고 있다.

이런 원리는 TV 뉴스 프로그램에서도 그대로 나타난다. 한 시청률 조사기관의 보고에 따르면, 한 번의 실수도 없는 완벽한 앵커보다 이따금 말실수를 하는 앵커 쪽의 인기가 훨씬 높고 프로그램 시청률도 높은 편이라고 한다. 지나치게 잘나면 질투와 시기를 받는다. 그러므로 가끔은 슬쩍 허술한 모습을 보여주는 것도 이미지 관리의 중요한 기법이 되는 것이다.

우리는 혼자 너무 잘나 시기하는 적을 많이 만들어 실패한 정치인, 시시콜콜한 것까지 완벽하게 관리하려다 실패한 기업인들을 종종 본다. 지나치게 모든 것을 다 알고 지배하려는 사람들은 어딘지 모르게 인간미가 없어 보인다. 좋은 인상을 원하고, 자신이 잘났다고 생각하면(이 점이 중요하다!) 때로는 의도적으로라도 작은 실수를 해보는 것은 어떨까?

매력적이게 보이기 위한 방안

1. 성실하다는 인상을 보여줘라 – 앤더슨Norman Anderson이라는 심리학자가 형용사를 분석한 결과(1968)를 보면 사람들은 '성실함'과 관련된 단어에 가장 높은 가치를 부여했다. 사람들은 성실한 느낌을 주는 사람에게 깊은 매력을 느끼기 마련이다.

2. 유능한 사람임을 보여줘라 – 자기 분야에서 최선을 다하고, 자기 분야에서 본분을 다하는 전문가들에게 사람들은 경의를 표하고 매력을 느낀다.

3. 다정다감하다는 인상을 심어줘라 – 사람들은 다른 사람이 다정하다고 느낄 때 호감을 갖는다. 첫인상뿐 아니라 이후의 대인관계에서도 이 점은 중요하다.

4. 신체적인 매력을 유지하라 – 사람들은 일반적으로 신체적으로 매력 있는 사람과 함께하면 자신의 가치도 덩달아 올라갈 것이라는 후광 효과를 믿는다. 자신에게 어울리는 화장, 머리 스타일, 패션 스타일, 표정 등을 개발함으로써 자연스러운 매력을 유지하는 것이 많은 사람들에게 호감을 살 수 있는 방법 중 하나라는 점을 기억하자.

05
두 살배기도
인종차별을 한다

● 편견 효과 ●

베네통 광고는 파격적인 것으로 유명하다. 고정관념을 깨뜨리고 사회적 반향을 일으키는 광고를 통해 매스컴과 대중들의 관심을 불러일으켜 간접 광고 효과를 가져오려는 게 베네통의 의도다. 베네통의 한 광고 중에는 흑인과 백인이 함께 수갑을 차고 있는 장면이 있다. 얼굴은 보이지 않지만 둘이 함께 수갑을 차고 있으니 둘 중 한 명은 범인이고, 다른 한 명은 형사일 가능성이 높다. 물론 둘 다 범인일 가능성도 없는 건 아니다. 그러나 두 사람이 수갑을 차고 있는 장면은 상식적으로 범인과 형사일 가능성이 높다. 그렇다면 흑인과 백인 중에 누가 범인일까? 백인 아니면 흑인일 텐데…….

편견이란 치우쳐서 세상을 보는 것이기 때문에 자칫 세상을 삐딱하게 보게 만든다. 하지만 편견에 부정적인 기능만 있는 것은 아니다. 사람들은 자연스럽게 편견을 갖는다. 정보 처리의 효율성을 위해서, 자기에게 피해를 줄 수 있는 사람을 사전에 피하기 위해서, 그리고 어떤 사람이나 집단과의 나쁜 경험 때문에 편견을 형성하기도 한다.

그러나 편견이 문제가 되는 것은 편견이 대개 감정에 그치지 않고, 집단의 특정 구성원들을 차별대우하는 행동으로 이어지기 때문이다. 편견이 행동으로 나타나 그 집단에 속한 사람들에게 불이익을 주는 현상을 '편견 효과Prejudice Effect'라고 한다. 편견 효과는 다섯 단계의 행동으로 나타난다.

1단계, 적대적인 말이다. 독일인들이 유대인들을 비난했듯이 편견을 가지고 있는 사람들은 처음에는 편견 대상을 욕하기 시작한다. 어떤 지역 사람들은 어떻고, 곱슬머리는 어떻고와 같은 부정적인 말을 하기 시작한다.

2단계, 회피다. 독일인들이 유대인 이웃을 회피했듯이 편견이 강해지면 자기 손해를 감수하고서라도 편견 대상을 피하기 시작한다. 지역감정으로 보면 어떤 지역 사람들과는 상거래를 하지 않고 가벼운 교류조차 거부하는 것이다.

3단계, 차별대우다. 편견 대상을 향해 직접적인 적대 행위를 일삼고 불이익을 주기 시작해 고용, 주택, 정치적 권리, 교육, 종교, 의료혜택 등에서 차별대우를 한다. 유대인을 차별하기 위한 뉘른베르그 차별법, 남아프리카의 인종차별주의와 같은 것들이 여기에 해당된다.

4단계, 신체적 공격이다. 독일인들이 유대인들의 교회에 방화하고 거리에서 유대인들을 공격했듯이 편견을 가진 사람들은 편견 대상을 심하게 배척하고 위협해 떠나도록 하고, 같은 편견을 가진 사람들끼리 모여 산다.

5단계, 몰살이다. 편견을 일으키는 가장 잔인하고 무서운 결과는 몰살이다. 집단구타, 집단학살처럼 편견은 감정적 요소와 신념적 요소를 넘어 병적인 이상 증상으로 나타나 다차우나 아우슈비츠 같은 가스실을 만들어내는 끔찍한 결과를 초래하기도 한다.

이렇게 무시무시한 결과의 발단이 될 수도 있는 편견은 초등학생들에게서도 나타난다. 실험자들은 초등학교 6학년생들에게 한 아이가 다른 아이에게 과자를 달라는 장면이나 한 아이가 다른 아이와 복도에서 부딪치는 장면을 얘기나 그림으로 제시해주었다. 그림의 주인공으로 등장하는 아이들의 인종은 체계적으로 조작되었다. 그런 다음 아이들에게 어떤 일이 일어났을지 떠올려보도록 했다. 그랬더니 흑인 아이와 백인 아이 모두 백인이 주인공이었을 때보다 흑인이 주인공으로 등장했을 때 그가 더 천하고 위협적이었다고 대답했다. 이런 현상은 흑인들이 더 천하고 적대적이라는 편견이 무의식중에 영향을 미쳤기 때문에 발생한 것이다(세이가Andrew Sagar와 쇼필드Janet Schofield).

Psycho **LAB**

초등학교 6학년들이 편견을 가지고 있다는 사실은 그리 놀랄 만한 일이 아니다. 2~3세 정도밖에 안 된 아기들도 이미 인종 편견을 가지고 있기 때문이다. 편견을 가지고 있는 사람들은 아이들이 어느 동네에 살고 있느냐에 따라 그 아이들의 능력을 과대평가하거나 과소평가하기도 한다. 또한 미국에서 모의실험을 해보니 어떤 범죄가 일어났을 경우 백인보다는 흑인을 범인으로 지목하는 경향이 높았다. 그러나 그런 지목은 대개 편견이나 잘못된 고정관념이 작용한 결과였다. 모르긴 몰라도 흑인과 백인이 함께 수갑을 찬 베네통 광고를 본 사람들 중 흑인이 범인일 거라고 생각한 사람들이 더 많았을 것이다.

사람은 불완전하기 때문에 어떤 인종이나 어떤 지역 사람들에 대한 편견과 고정관념을 가질 수 있다. 그러나 문제는 그런 현상이 사회적인 행동으로 이어져 특정 인종과 특정 지역 출신들을 차별대우한다는 데 있다. 편견은 순기능도 있지만 역기능도 그에 못지않게 많다. 그래서 편견은 가능하면 줄이는 게 좋다.

집단 편견을 줄이기 위해서는 첫째, 경제적 부가 균등하게 분배되어야 한다. 노력한 만큼 얻을 수 있는 형평 분배도 좋지만, 이미 구조적으로 뒤떨어진 계층과 지역을 위한 집중적인 투자와 복지 혜택 확대가 이루어져야 한다. 그러기 위해서는 상속세를 과감하게 높이고 고소득자들에게는 지금보다 훨씬 더 많은 소득세를 거둬들여야 한다. 애꿎게 서민들 허리띠 조르는 휘발유 값이나 올리고, 통행료나 거둬들여서야 어디 부의 고른 분배가 이루어진다고 할 수 있겠는가.

둘째, 연고주의를 타파해야 한다. 아무리 선하고 민주적인 사람이 정권을 잡더라도 과두제의 철칙대로 그 정권을 유지하려면 권력자 주변의 학연, 지연, 파벌을 무시할 수는 없는 것일까. 정치권을 보면 요망 사항인 것 같다. 요즘 기업체에서는 무자료 면접이니 술자리 면접이니 하면서 나름대로 연고주의를 타파하려는 시늉을 하고 있는 것 같긴 하지만 연고주의를 타파하려면 아직도 먼 것 같다.

셋째, 매스컴의 역할이 중요하다. 왜 어떤 인종은 범인이 되어야 하고, 어떤 지역의 사람은 맨날 조직 폭력배가 되어야만 하는가, 그리고 왜 가정부나 파출부는 특정 지역 사람만 하는가. 그런 역할에 대한 편파적 설정이 부지불식간에 편견을 만든다. 그러니 특정 인종이나 지역 사람에게 고정적인 역할을 부여해서는 안 된다.

사람들은 그들이 속한 집단의 문화 특성을 받아들여 나름대로 그 문화의 사고방식, 행동패턴을 답습하지만 같은 문화 내의 구성원들 간에도 차이가 있다. 같은 사회에 살고, 같은 동네에 살고, 심지어 같은 형제라도 저마다 독특한 특성을 가지고 있다. 지나치게 모든 것을 획일적으로 바라보는 것은 사람들이 지적으로 게으르고 보수적이기 때문이다. 어떤 사람과 특정 지역에 대해 편견을 가지고 바라보는 것은 자칫하면 우리 모두를 걷잡을 수 없는 파국으로 치닫게 할 수도 있다. 그러니 사람과 세상을 볼 때는 한 사람씩, 하나씩 꼼꼼히 따져봐야 한다. 많은 노력을 요하는 일이지만, 편견을 줄이는 좋은 해법이다.

06
생산성은 관심의 정도에 비례한다
● 호손 효과 ●

　대기업의 대리 김명수 씨는 어느 날 회사 부회장에게 불려가 개별적인 과제를 받았다. 부회장은 회사가 내년부터 이집트에 지사를 낼 건데 아랍어를 배워 내년에 함께 가자고 제안했다. 그리고 한 달에 한 번 어학 실력이 얼마나 진척되었는지를 보고하라는 지시를 받았다. 회사 간부가 개인적으로 자기에게 관심을 둔 것만으로도 기분 좋은 일인데 자기가 그 나라 말을 얼마나 배웠는지를 보고하라고 하니 김 대리는 스트레스를 받기는커녕 마치 초등학교 선생님이 자기에게 심부름 시켰을 때 느꼈던 묘한 기분을 다시 한 번 느꼈다. 그렇게 부회장이 관심을 두고 지켜보니 김 대리는 더욱 열심히 공부했고, 7개월이란 짧은 기간에 아랍어를 자유자재로 구사하게 되었다.

사람들은 누군가 관심을 가지고 지켜보면 더 분발한다. 이런 현상은 할 수 있다고 믿으면 잘하는 피그말리온 효과Pygmalion Effect와도 비슷하지만, 여럿이 함께 일하면 생산성이 올라가는 사회적 촉진 현상과 더 밀접한 관련이 있다. 그런 현상이 산업 장면에 적용되어 누군가 관심을 가지고 지켜볼 때 생산성이 향상되는 현상을 '호손 효과Hawthorne Effect'라고 한다.

Psycho **LAB**

호손 효과는 다른 사람에게 영향을 미치는 가장 효과적인 방법 중의 하나다. 이 현상은 1924년 미국 일리노이주 호손에 있는 웨스턴일렉트릭 전기회사에서 증명되었다.

실험자들은 여러 작업 조건들이 생산성에 미치는 영향을 알아보기 위해 6명의 여성 피험자들을 1년 동안 관찰했다. 처음 2주 동안 피험자들의 평균 생산성을 측정하고 난 다음 실험자들은 여러 조건을 변화시키며 생산성을 측정했다. 그러나 실험 결과는 엉뚱했다. 모든 조건에서 생산성이 증가한 것이다.

피험자들은 자기들이 특별한 대우를 받고 있고, 흥미 있는 실험에 참여하고 있으며, 특별한 관심과 기대를 받고 있다는 사실을 잘 알고 있었다. 비록 실험자들이 피험자들에게 어떤 연구를 하는지 알려주지 않았더라도 피험자들은 실험자들이 생산성에 관심을 갖고 있는 것을 알았고, 그것이 관찰되고 있다는 사실을 눈치챘다. 그렇기 때문에 피험자들은 어떤 조건에서도 자기들의 작업에 충실했다. 결과적으로, 작업 조건보다 사람들의 관심과 기대가 생산성에 더 많은 영향을 미친 것이다. 그런 현상을 호손 공장에서 실시된 실험에 근거해 호손 효과라고 한다.

인간중심의 관리 기법

1. 공개적인 비난이나 칭찬을 삼갈 것.

흔히 칭찬은 공개적으로 하고 비난은 개별적으로 하라고 하지만 칭찬도 개별적으로 하는 게 좋다. 경쟁자들 앞에서 한 사람만 칭찬하면 자칫 주변의 반발과 불만을 살 수도 있기 때문이다.

2. 일대일로 대화할 것.

인간관계 중심의 관리를 하려면 공식·비공식을 구분하지 말고 가능하면 일대일로 대화하는 게 좋다. "나는 자네만 믿네!" "지난번 보고서 대단하던데?"와 같은 말을 일대일로 하면 훨씬 효과가 좋다.

3. 부하 직원의 능력을 의심하지 말 것.

상사는 부하직원의 능력과 실력을 잘 파악하고 있어야 하지만, 부하 직원이 맡은 일을 제대로 할 수 있을지 의심하면 안 된다. 또한 부하직원은 자신에게 맡겨진 일이라면 최선을 다해 성취하도록 노력해야 한다.

4. 직원의 심리 상태를 사이코그래픽으로 파악해 놓을 것.

사이코그래픽이란 사람들의 심리 특성을 수치로 표현해놓은 것이다. 직원의 성격, 지능, 적성, 흥미, EQ 등을 파악해 특성에 맞는 직무와 작업환경을 제공해주어야 한다.

5. 물질적인 보상을 주는 것뿐만 아니라 관심을 보일 것.

빵만 먹고 살 수는 없다. 그러므로 직원들의 복지와 가족 만족, 문화생활을 신경 쓰고 배려해야 한다.

07

자의식은
거울을 보며 자란다

● 자의식과 거울 실험 ●

『내가 누구인지 말할 수 있는 자는 누구인가』라는 긴 제목의
소설이 베스트셀러가 된 적이 있었다. 내용도 내용이었지만, 제
목이 독자들에게 어필한 면도 적지 않았던 것으로 기억하고 있
다. 이 소설의 제목이 유독 사람들의 눈길을 사로잡고 공감을 불
러일으킨 이유는 무엇일까?

그것은 누구나 한 번쯤은 생각해본 적이 있었던, 그러나 지금
은 바쁜 일상에 묻혀 잃어버린 '나는 누구인가?'하는 그 물음을
정확히 상기시켜주었기 때문일 것이다.

사람들이 자신에 대해 물음을 갖는다는 것은 주의Attention

가 자신에게 쏠려 있다는 뜻이다. 이처럼 사람들이 자기 자신에게 주의를 기울이고 자신을 인식할 수 있는 것은 '자의식Self-Awareness'을 가지고 있기 때문이다.

자의식은 의식의 초점이 자신에게 맞춰져 있어 자기를 인식하고 있는 상태를 말하는 것으로, 공적 자의식과 사적 자의식으로 나뉜다. 공적 자의식이 높은 사람은 남들이 자신을 어떻게 평가하고 보는지에 신경을 많이 쓰기 때문에 유행, 외모 등에 관심이 많다. 그리고 체면과 눈치를 많이 보기 때문에 태도와 행동이 일치하지 않는 경우가 많다. 그에 비해 사적 자의식이 높은 사람은 혼자 있기를 좋아하고 자기 내면의 감정, 생각에 매우 민감하고 자신에게 좀 더 충실하려는 경향이 있어 태도와 행동이 상당히 일치한다(비클룬드Robert Wicklund, 1972).

자의식은 어떻게 형성되고, 어떻게 자라는 것일까? 어떤 사람은 어린아이가 처음 '거울'을 보는 순간이 자의식이 시작되는 순간이라고 말하기도 한다. 조금 과장된 표현이겠지만, 여자 아이의 경우 거울을 보면서부터 자기에 대한 관심이 더 높아진다. 그것은 아이가 성숙해가는 증거이기도 하다. 거울을 보며 자신의 모습을 가꾸고 자신의 얼굴 표정을 바라보며 자기 자신과 대화하는 것이다.

물론 이러한 현상은 정도는 약하지만 남자들에게서도 나타난다. 남자들도 거울을 보며 자신의 모습에 대해 생각하고 고민한다. 거울 속에서 사람들은 자기와 대화하며, 자기에 대한 인식을 높이는 것이다.

사람들은 흔히, 거울이나 사진을 볼 때, 또는 자신이 찍힌 영상을 보거나 녹음된 자신의 목소리를 들을 때 자의식에 빠진다. 자의식에 빠지게 되면 주의가 자신에게 쏠리고 내면 들여다보게 되므로 행동에 변화가 생긴다. 이러한 현상을 비맨Arthur Beaman 등은 실험(1979)을 통해 잘 보여주고 있다.

Psycho LAB

실험자들은 핼러윈 데이(10월 31일)에 현장 실험을 했다. 미국에서 이 날은 아이들이 유령이나 괴물로 분장하고 집집마다 다니며 과자와 사탕을 얻어 먹는다.

실험자들은 집 현관 앞 탁자 위에 과자 바구니를 갖다놓았다. 아이들이 과자를 얻기 위해 집에 들어오면 실험자는 "과자를 하나씩만 가져가라"고 이야기하고는 다른 곳으로 볼일을 보러가는 척했다. 한 조건에서는 과자 바구니 뒤에 아무것도 없었고, 다른 조건에서는 과자 바구니 뒤에 큰 거울이 있었다.

그 결과 거울이 없는 조건에서 9~12세 아이들 중 약 반수가 하나 이상의 과자를 가져갔고, 12살이 넘은 아이들의 경우에는 네 명 중 세 명꼴로 하나 이상을 가져갔다. 그러나 거울이 있는 조건에서는 9~12세 아이들 중 단지 10%만이 한 개 이상을 가져

갔고, 12세 이상의 경우에는 한 사람도 한 개 이상을 가져가지
않았다.

조건	9~12세	12세 이상
거울 없음	50%	75%
거울 있음	10%	0%

· 거울 유무에 따라 과자를 하나 이상 가져간 비율 ·

　거울이 있고 없고에 따라 아이들의 행동이 크게 달라졌던 것
이다. 이는 거울이 아이들에게 자신의 모습을 비춰줌으로써 자
의식을 높였고, 그렇게 높아진 자의식이 아이들에게 사회 규범
에 맞는 행동을 하도록 영향을 미쳤기 때문에 나타난 현상이다.

　아이들뿐 아니라 어른들도 거울을 보며 자신을 돌아본다. 목
욕탕에서 화장대 앞에서 자신의 모습을 보며 때로는 실망하고
때로는 기뻐한다. 거울은 단지 하나의 물체에 불과하지만, 그
거울 속에서 사람들은 또 다른 자신과 대화하는 것이다. 그러므
로 방이나 사무실에 큰 거울이 있다면 자신과 좀 더 가까워질 수
있을 것이다.

　지금이라도 아이 방에 거울이 없다면 거울을 하나 달아주고,
거실과 목욕탕, 사무실에도 커다란 거울을 걸어놓자. 그리고 그
앞에서 내 모습을 비춰보며 자신과 진솔한 대화를 나눠보는 것
도 나를 알고 이해하는 데 적지 않은 도움이 될 것이다.

교육은 훈시보다 긍정적인 자기상을 심어주는 게 중요

아이들에게 '~하지 마라' '~해라'라는 말은 과연 얼마나 효과가 있을까? 대개의 부모들은 즉각적인 효과를 기대하면서 아이들의 행동을 일일이 지시하고 가르쳐준다. 그러나 그러한 훈시조의 가르침보다는 아이들에게 긍정적인 자기상을 심어주는 것이 훨씬 더 효과적이다(밀러Dale Miller 등, 1975).

주위를 많이 어지럽히는 아이들에게 선생님이나 부모가 그러지 말라고 이야기해주거나(훈시집단), 너희들은 착하니까 어지럽히지 않을 것이라고 이야기해주었다(긍정적 자기상 부여집단). 다른 한 집단의 아이들은 두 집단과 비교를 위해 선정되었으나 그들에게는 아무런 조치도 취하지 않았다(통제집단).

그 결과 훈시집단과 긍정적 자기상 부여 집단의 아이들 모두 어지럽히는 행동이 줄어들었다. 그러나 다른 점도 있었다. 긍정적 자기상 부여집단의 아이들은 많은 시일이 지나도 깨끗이 하려는 행동을 유지했지만, 훈시집단은 그렇지 않았다. 처음 10일까지만 해도 훈시집단 아동들에게 훈시의 효과가 어느 정도 나타났지만 시간이 지나자 그들은 처음과 같은 수준으로 어지럽히는 행동을 했다.

그러므로 아이들에게는 '~를 하지 마라' '~를 해라'와 같은 지시적 언어보다는 '너는 할 수 있다' '너는 착한 아이다'와 같은 긍정적 언어를 사용하여 자기에 대해 긍정적인 자기상을 심어주는 것이 행동을 변화시키는 데 효과적이다.

자기Self의 종류

자기에는 행위의 주체이자 의식 경험의 주체인 '나I'와 관찰의 대상이 되는 객관적인 '나Me'가 있다. 그동안 주로 심리학은 객관적인 자기인 '나'를 연구해왔는데, 자기는 세 가지 구성요소로 이루어져 있다(제임스, 1890).

1. **물질적 자기**|Material Ego : 신체, 의상, 집, 소유물 등 물질적인 기준을 바탕으로 이루어지는 자기다.

2. **사회적 자기**|Social Ego : 타인들로부터 받는 자기에 대한 평가로, 사회 생활 속에서 이루어지는 자기다.

3. **정신적 자기**|Spiritual Ego : 내면의 주관적인 성격, 정서, 동기, 생의 의미 등으로 구성된 자기로 가장 중요하다.

08

누군가 지켜보면
행동이 달라진다

• 피험자 편파 •

20세기 초 독일에는 산수를 할 줄 아는 말이 있다고 해서 사람들의 관심을 끈 적이 있다. 주인이나 조련사가 산수 문제를 내면 한스라고 불리는 말은 그 답을 발굽으로 두드려 제시했다. 가령, '4+6'이라고 하면 발을 열 번 굴렀다. 사람들은 그 사실을 믿을 수 없어 조사위원회를 구성했는데, 한 위원회에서는 그 말이 산수와 언어 능력을 가지고 있다고 결론지었다.

그러나 한 심리학자가 세밀한 관찰 결과, 답을 맞힌 것이 아니라 한스가 눈치가 빠르기 때문이라고 결론지었다. 한스는 문제를 내는 사람이 정답을 미리 알고 있는 경우에만 답을 맞혔다.

문제의 답을 계산해서 맞힌 것이 아니라 계속 발을 두드리다가 질문자가 보여주는 무의식적인 단서를 포착해 발 두드리는 동작을 멈춘 것이다. 다시 말해 질문자가 미리 답을 알고 있어 정답에 가까워지면 질문자의 표정이 바뀌는 것을 말이 눈치챈 것이다. 그러니 한스의 주인도 한스가 눈치로 그랬다는 것을 알 리가 없었다(엘리스Andrew Ellis · 비티Geoffrey Beattie, 1986).

말조차 이렇게 눈치가 빠른데, 하물며 사람들은 얼마나 눈치가 빠를까. 호손 공장의 실험에서도 그랬듯이 회사에서 누가 자신의 업무를 평가하고 있는 것 같으면 사람의 행동이 확 달라진다. 요즘은 상사만 부하직원의 근무를 평가하는 것이 아니라 부하직원도 상사를 평가한다. 그 결과가 인사에 반영되니 깐깐하고 괴팍한 상사도 부드러워질 수밖에. 사람들은 누가 자신을 관찰하고 평가한다고 하면 행동이 달라진다. 어디 그뿐인가. 회사에서 설문지를 돌리면 설문지가 알고자 하는 바가 무엇인지를 간파해 거꾸로만 대답하는 사람도 있다. 그래서 관찰당하는 사람이 모르게 하기 위해 몰래카메라가 사용되고, 설문지도 무엇을 측정하는지 파악하기 힘들게 구성한다.

심리학은 사람을 대상으로 하는 학문이기 때문에 실험에 참가하는 사람들이 어떤 실험에 참여해 있는지 모르게 해야 한다. 그뿐 아니라 실험을 수행하는 사람도 어떤 실험을 어떤 조건에서 행하는지 몰라야 한다. 만약 피험자가 어떤 실험의 가설이 무엇인지, 실험이 어떤 것을 알아보고자 하는지 것인지 알아버리면 의식적·무의식적으로 실험에 영향을 미친다.

실험자들이 실험에 관한 정보를 알고 있기 때문에 나타나는 편파를 '실험자 편파Experimenter Bias'라 하고, 피험자들이 실험에 관한 정보를 알고 있기 때문에 나타나는 편파를 '피험자 편파Subject Bias'라고 한다.

그래서 심리학과 같이 사람들을 대상으로 하는 실험들은 편파를 줄이려고 실험 협조자와 실험에 참가해 테스트를 받는 피험자들이 실험의 의도를 파악하지 못하게 한다. 실험자 편파와 피험자 편파를 줄이기 위해 흔히 사용하는 방법을 맹목 또는 차단 기법Blind Technique이라고 한다. 차단 기법이란 실험 수행자나 피험자가 실험의 목적을 알면 실험에 영향을 줄 수 있기 때문에 그런 편파를 없애려고 실험에 관한 정보를 차단하는 방법이다. 차단 기법에는 두 가지가 있다.

하나는 단일 차단 기법이다. 실험 수행자나 피험자 둘 중 한쪽을 실험 정보로부터 차단해서 무엇을 어떤 목적으로 측정하는지 모르게 하는 방법이다. 또 다른 하나는 이중 차단 기법이다. 실험 수행자, 피험자 모두를 실험 정보로부터 차단해서 어떤 목적으로 무엇을 측정하는지 모르게 하는 방법이다.

사람들은 어떤 상황에 놓이면 자신이 무엇을 하고 있는지, 어떻게 행동해야 하는지를 눈치로 파악한다. 그래서 실험이 편파적으로 진행돼 실험이 실패로 끝나는 경우도 있다. 그런 눈치 이외에도 피험자들은 매력적인 실험자가 지시하는 지시문을 잘 따르고, 실험자가 어떻게 행동하고, 얼마나 친절한지, 그리고 실험자가 남자인지 여자인지에 따라서도 영향을 받는다.

실험의 편파를 줄이고 실험의 타당도를 높이기 위해서는 실험 정보 차단에 각별히 신경 쓰고, 실험 절차를 표준화해야 한다. 그리고 실험에 참가하는 피험자들은 한스처럼 눈치를 보며 어떤 실험인지 알려고 애쓰지 말고 자연스럽게 느끼는 그대로를 보고하는 것이 중요하다.

심리학 실험을 할 때 실험에 참가하는 피험자들을 지켜보면 몇 가지 부류가 있다. 첫째, 실험이 요구하는 바가 무엇인지 예리하게 파악해 실험자가 의도하는 결과가 나오도록 친절을 베풀어 실험을 망치는 협조적 피험자가 있다. 둘째, 실험에 참가하는 것조차 싫고, 실험에 참가해서도 실험자가 의도하는 바가 무엇인지를 파악해 실험자가 의도하는 결과가 나오지 않도록 삐딱하게 행동하는 비협조적 피험자들이 있다. 셋째, 심리학자들이 자신의 내면을 다 들여다볼까봐 두려워하고, '내 성격이 나쁘게 나오지는 않을까?' '내가 이상한 사람으로 나오지는 않을까?' 두려워서 덜덜 떨며 제대로 반응하지 못하는 평가 공포적 피험자도 있다. 그리고 마지막으로 실험자의 지시에 따라 자연스럽게 느끼는 그대로를 반응하는, 바람직하고 충실한 피험자가 있다. 그중에서 누가 좋은 피험자인지는 두말 하면 잔소리다.

누군가 나를 보고 있다고 해서 나의 행동이 변하고, 상대방이 무엇을 원하는지 알기 위해 신경 쓰고 고민하느라 에너지를 소진하는 것은 별로 현명하지 못하다. 누가 보든 안 보든 지킬 것은 지키고, 놀 때는 노는 그런 사람이 필요한 시대다.

09
미팅은 못생긴 친구랑 가라구?

● 대비 효과와 발산 효과 ●

매력적인 친구와 나란히 있으면 나의 이미지는 돋보일까, 아니면 나빠 보일까? 사람들은 이왕이면 못생긴 사람보다 잘생긴 사람을, 매력 없는 사람보다는 매력 있는 사람을 더 좋아한다. 잘생기고 매력 있는 사람과 함께 있으면 자존감이 올라가기 때문이다. 매력 있는 사람들과 같이 있으면 기분이 좋다. 어딘지 모르게 자존심도 높아지는 것 같다. 하지만, 그것이 때로 상대적으로 자신에게 손해가 될 수도 있다. 괜히 잘난 사람 옆에 있다가 더 못나 보일 수도 있는 것이다.

이러한 현상은 TV 프로그램이나 영화를 본 다음에도 종종 나타난다. 사람들은 이전에 평범하게 평가하던 한 여성(7점 만점에 4점 정도)을 아름다운 여성 배우들이 출연하는 프로그램을 시청한 후에는 평균 이하로 평가하는 경향이 있다(켄릭Douglas Kenrick 과 구티어스Sara Gutierres, 1980). TV에 나오는 이성을 보고 눈이 휘둥그레지는 애인에게 상대방이 쌍심지를 켜는 것도 이 때문인지 모른다.

신체적 매력은 크게 발산 효과와 대비 효과로 나누어진다. 발산 효과는 매력 있는 사람과 함께할 때 자신의 평가도 덩달아 높아진다고 생각하는 것이고, 대비 효과는 신체적으로 매력 있는 사람과 함께하면 상대적으로 자신에 대한 평가가 낮아진다고 생각하는 현상이다.

커니스Michael H. Kernis와 휠러Ladd Wheeler는 언제 대비 효과가 일어나고 언제 발산 효과가 일어나고 그 차이는 무엇인지 실험을 통해 알아보았다(1981).

Psycho **LAB**

실험자들은 한 집단의 피험자들에게 보통의 매력을 지닌 '표적인물'과 평균 이상이거나 평균 이하로 생긴 낯선 '비교인물' 두

사람을 보여주었다. 그리고 다른 집단의 피험자들에게는 '표적인물'과 '비교인물'이 친구 사이라고 알려주었다.

그 결과 정반대의 효과가 나타났다. 두 사람이 낯선 사이라고 생각되는 조건에서는 대비 효과가 나타났다. 즉, 평범한 사람은 매력적인 낯선 이와 짝지어졌을 때 호감을 덜 샀고, 매력적이지 않은 사람과 짝지어졌을 때 더 많은 호감을 샀다.

그러나 비교되는 두 사람과 표적인물이 친구 사이라고 알려주자 발산 효과가 나타났다. 즉, 평범한 사람은 매력 있는 친구와 함께 있을 때 더 많은 호감을 샀고, 매력 없는 친구와 함께 있을 때는 호감을 덜 샀다. 남녀의 성별은 이러한 패턴에 영향을 주지 않았다.

조건/관계	친구관계	낯선 관계
매력적 인물	긍정적 발산 효과 (매우 호의적 평가)	부정적 대비 효과 (덜 호의적 평가)
매력 없는 인물	부정적 발산 효과 (매우 비호의적 평가)	긍정적 대비 효과 (더 호의적 평가)

이 결과는 실험실 상황에서 나타난 것이지만 몇 가지 시사점을 준다. 첫째, 친구 관계일 경우에 매력적인 사람과 함께 있으면 발산 효과가 대비 효과보다 크므로, 친구는 매력적일수록 좋다. 그러므로 어떤 자리에 나갈 때 자기가 잘나 보이기 위해 자기보다 못생긴 사람을 대동하려고 신경 쓸 필요가 없다.

둘째, 낯선 관계일 경우 매력적인 사람과 함께 있으면 발산 효과보다는 대비 효과가 크므로 잘 모르는 매력적인 사람과는 가급적 함께 있지 않는 것이 좋다. 기억해 두면 쓸모 있는 '상식'이다.

10
부정적 특징일수록
더 강하게 전달된다
● 부정성 효과 ●

　남철민 씨는 지난 노조위원장 선거에서 큰 낭패를 보았다. 그는 노조원들에게 평소에 두터운 신임을 얻고 있었고, 노조 활동도 열심히 했기 때문에 당선이 확실해 보였다. 그러나 막판 선거 운동이 한창일 때 남철민 씨가 회사 측의 도움을 받고 있다는 소문이 퍼지기 시작했다. 소문은 사실 여부를 가릴 틈도 없이 순식간에 퍼졌고, 남 씨가 노동자의 권익과 노조를 위해 쌓아놓은 수많은 경력에 치명적인 상처를 입혔다. 그 결과 남 씨는 선거에서 억울하게 패하고 말았다.

사람들은 어떤 사람의 인상을 평가할 때 대개는 긍정적으로 평가한다. 기왕이면 좋게 사람들을 평가하려는 그런 경향을 '인물 긍정성 편향'이라고 하는데, 미국 소설에 나오는 여주인공의 성격에 비유해 '폴리아나 효과Pollyana Effect'라고도 한다.

그런데도 사람들은 어떤 부정적인 정보가 나타나면 다른 긍정적인 정보보다 부정적인 것에 더 높은 비중을 두고 인상을 평가한다. 다시 말해 모든 것이 동일하다면 부정적인 특성들이 긍정적인 특성들보다 인상형성에 더 많은 영향을 준다(피스케Susan Fiske, 1980). 이런 현상을 '부정성 효과Negativity Effect'라고 한다.

이런 현상은 사람들이 부정적 정보를 더 확신하기 때문에 발생한다. 그리고 모든 긍정적인 정보들이 배경이 되고 부정적인 정보가 독특한 전경이 되기 때문에 발생한다. 심리학의 흐름 중에는 전체와 형태, 그리고 맥락을 중시하는 형태주의 심리학이 있다. 형태주의 심리학은 특히 전경·배경 원리다. 전경Figure은, 사람들의 주의가 집중된 대상이나 자극으로 주의가 집중되지 않으면 언제든지 배경이 될 수도 있다. 특히 독특하고, 움직이고, 완전하고, 평소와 다른 것들이 전경이 된다. 그에 비해 배경Ground은, 사람들의 주의가 집중되지 않고 전경이 존재하는 바탕이다. 그러나 주의가 집중되면 언제든지 전경이 될 수도 있다. 평범하고, 움직이지 않고, 일상적인 것들이 주로 배경이 된다.

앞서 얘기했듯이 사람들은 인물 평가를 긍정적으로 하는 경향이 있다. 그럴 경우 인물에 대한 부정적인 정보는 특별히 더 돋보이게 되므로, 그런 정보는 하나의 전경이 된다. 결국 긍정적인 정보들은 배경이 되고 부정적인 정보들은 전경이 되기 때문에 부정성 효과가 나타나는 것이다. 그것은 신기한 물체나 특이한 옷을 입은 사람이 우리 눈에 확 들어오는 것과 같다.

이런 현상은 선거에서 두드러지게 나타난다. 남철민 씨와 같이 그동안 노조원들을 위해 여러 가지 사업을 하고, 좋은 이미지를 형성해 놓았어도 하나의 부정적인 정보는 인상 판단에 큰 영향을 준다(앤더슨Norman Anderson, 1965). 어떤 저명인사가 사기꾼이라는 극단적인 정보를 알게 되면 이전에 우리가 그에 대해서 무엇을 알고 있었는지와 상관없이 아주 부정적인 평가를 할 가능성이 크다.

인상평가의 부정성 효과 역시 인상평가의 오류 중 하나다. 사람의 인상을 평가할 때는 전체를 놓고 평가해야지 일부분을 가지고 전체를 평가하는 것은 정확한 인상 판단이 아니다. 하나의 부정적 정보로 그 사람 전체를 매도하는 것은 하나의 썩은 나무를 보고 숲 전체가 죽었다고 여기는 것과 다름없다. 물론 인상평가에 감정과 주관, 편견을 배제하기는 쉽지 않다. 그렇더라도 많은 정보를 바탕으로 신중하게 이루어져야 인상평가에서 흔히 일어나는 오류를 줄일 수 있다.

11

수학 선생님이 싫으면 수학도 싫은 심리

• 감정전이 •

　한수정 양은 수학 선생님이 너무나도 싫다. 수업 시간마다 매일 앞으로 불러 문제를 풀게 하고 못 풀면 창피를 주거나 회초리로 때리기 때문이다. 어느샌가 한 양은 수학 선생님이 보기도 싫어졌고, 그 선생님이 하는 말이라면 뭐든지 밉게만 들렸다. 그러다 한 양은 결국 수학을 포기하고 말았다. 수학 교과서만 봐도 그 선생님이 떠올라 수학 공부가 지긋지긋해졌다.

　아무리 좋은 이야기라도, 싫어하는 사람이 전달한다면 귀에 잘 들어오지 않는다. 어쩌다 귀에 들어올지라도 그 사람에 대한 나쁜 감정과 엮여 그가 하는 모든 이야기가 싫어진다. 한수정 양이 수학 선생님의 모든 이야기를 싫어하게 된 것처럼 말이다. 이러한 현상은 의사전달자와 의사전달 내용 간에 '감정전이_{Transfer of Affect}'가 일어났기 때문에 발생하는 커뮤니케이션의 독특한 매개 과정이다.

감정전이란 어떤 대상(사람 또는 사물)에 가지고 있는 태도나 감정이 그 대상과 함께 나타나는 다른 대상으로 옮겨가는 현상을 말한다. 가령, 어떤 모델에 대한 호감이 그 모델이 광고하는 상품으로 옮겨가서 광고 효과도 높아지는 현상이 여기에 속한다.

사람들은 언어적 동물이다. 언어를 통해 상대방에게 자기의 감정이나 생각을 표현하고, 상대방의 태도에 영향을 미치고, 상대방을 설득하고자 한다. 이러한 과정이 '커뮤니케이션'이다. 커뮤니케이션은 주로 메시지를 학습하거나, 의사전달자에게 감동해 그 사람의 말을 받아들이거나, 받아들인 정보와 자신의 태도를 일치시키려고 하는 등의 적극적인 과정에 의해 일어난다.

그러나 한수정 양의 사례에서 보듯, 커뮤니케이션은 연합되어 있는 두 개의 대상, 즉 의사전달자와 의사전달 내용에 대한 '감정'으로부터 영향을 받아 이루어지기도 한다. 특히 어떤 사람이 의사전달자이고, 그 사람에 대해 자신이 어떤 태도를 가지고 있는지에 따라 태도변화의 양상은 매우 달라진다.

로지_{Irving Lorge}의 실험(1936)을 통해 이러한 현상을 확인해 보기로 하자.

Psycho **LAB**

실험자는 다음과 같은 메시지를 피험자들에게 전달했다. '나는 약간의 반란은 좋은 것이며, 자연계의 폭풍처럼 정치계에도 반란이 필요하다는 것을 인정한다.' 피험자들은 이러한 메시지를 전달받고 그 메시지에 얼마나 동의하는지 응답하기로 했다. 한 집단의 피험자들은 그 말이 토머스 제퍼슨의 말이라고 전해 들었고, 다른 집단의 피험자들은 레닌이 한 말이라고 전해 들었다.

실험 결과 토머스 제퍼슨의 말이라고 들은 피험자들은 메시지에 동의했지만, 레닌의 말이라고 들은 피험자들은 동의하지 않았다. 제퍼슨에 대해 가지고 있던 긍정적 감정이 더해져 메시지를 더욱더 긍정적으로 만든 반면에, 미국 대학생들이 레닌에 대해 가지고 있던 부정적 감정은 그 반대의 효과를 가져온 것이다.

똑같은 내용이라 하더라도 그것을 누가 전달하느냐에 따라, 또 그 사람을 얼마나 좋아하느냐에 따라 전달의 효과는 매우 달라질 수 있다. 이런 결과는, 광고모델이나 상담가, 대사, 회담의 대표단과 같이 메시지를 전하는 사람들을 선정할 경우 상대방에게 좋은 인상을 주고 있거나 줄 수 있는 사람을 선택해야 한다는 점을 보여준다. 또, 내가 한 이야기가 상대방을 설득시키지 못한다면 논리적인 측면뿐만 아니라 내가 상대방에게 호감을 잃고 있는 것은 아닌지를 꼭 짚어봐야 한다는 사실을 가르쳐주고 있다.

커뮤니케이션은 어떤 과정을 거쳐 일어날까?

1. 메시지의 학습 : 커뮤니케이션은 메시지를 배우고 기억함으로써 이루어진다. 메시지의 학습은 반드시 세부적으로 이루어질 필요는 없고 일반적인 결론을 학습하는 것만으로도 충분하다.

2. 감정의 전이 : 사람은 감정을 가지고 있으므로 어떤 사람이나 대상에 대한 감정을 설득 메시지와 연결해서 판단하는 경향이 있다.

3. 일관성 기제 : 자신이 가지고 있는 태도와 다른 메시지를 받게 되면 사람들은 일관성을 잃고 긴장하지만, 태도변화를 통해 자신의 태도와 메시지 간의 차이를 감소시킴으로써 일관성을 유지하려고 한다.

4. 반대주장 하기 : 사람들은 때로 메시지 내용에 대한 반박을 시도하면서 기존에 가지고 있는 자신의 주장을 지지하는 증거를 찾고 상대방의 비논리성을 반박하며 태도변화에 저항하기도 한다.

5. 인지적 반응 이론 : 사람들은 앞의 4가지 과정을 통해 메시지를 받아들이거나 거부한다. 그러한 과정에는 사람들의 인지적 반응이 전제되어야 한다. 즉 커뮤니케이션은 사람들이 메시지의 내용을 생각하고 판단함으로써 이루어진다.

12
튀는 고기가
먼저 도마에 오른다
● 현저성 효과 ●

　패셔니스타 김마리 씨는 최근 머리를 핑크색으로 염색했다. 그녀는 곳곳이 찢어진 청바지를 즐겨 입고 화려한 액세서리를 좋아한다. 길을 지나다닐 때면 사람들이 자기를 주목하는 것 같아서 기분이 좋다. 그러던 어느 날인가 마리 씨는 친구들과 무단 횡단을 했다. 저쪽에서 경찰이 오라고 호루라기를 불며 손짓하자 김마리 씨는 친구들과 함께 사람들이 많은 골목으로 숨어버렸다. 그러나 경찰이 뒤쫓아와서 사람들 속에 숨어 걷고 있던 김마리 씨를 붙잡는 게 아닌가. "저 아닌데요." "아니긴 뭐가 아냐. 네가 제일 눈에 띄던 걸."

사람들은 욕심도 많다. 백 일 장마에 하루만 비 더 오라 하고, 사십 일 가뭄에 하루만 더 개라 한다. 그뿐 아니라 사람들은 세상사 모든 것을 다 알고 이해하려고 한다. 다른 사람들이 어떻게 행동할지도 알고 싶고 앞으로 세상이 어떻게 변할지도 알려고 한다. 그런 것을 제대로 알려면 다른 사람들의 행동과 세상사의 원인을 알아야만 한다. 이렇게 원인을 찾는 과정을 심리학에서는 귀인이라고 한다. 사람들은 누구나 인간의 심리와 행동, 그리고 온갖 세상사의 배후에 있는 원인을 찾아내 나름대로 인과관계를 밝혀내려고 한다.

그러나 상식적으로 만드는 가설이 항상 정확한 건 아니다. 사람들은 지적으로 게으르기 때문에 모든 정보를 꼼꼼하게 처리하지 않고 섣부르게 결론을 내린다. 설령 어떤 정보를 모두 다 처리한다 하더라도 자기중심적으로 정보를 처리하기 때문에 오류를 범하기 쉽다. 그런 현상을 귀인 오류라고 한다.

귀인 오류는 특히 어떤 자극이 유독 도드라질 때 잘 나타난다. 사람들은 어떤 자극이 지각적으로 특출하면 그 자극을 특정 현상의 원인으로 삼는 오류를 범하는데 그런 오류를 '독특성 효과' 또는 '현저성 효과Salience Bias'라고 한다. 뭔가 튀는 사람이 눈에 잘 들어오고, 그 사람이 가장 영향력 있어 보이는 현상이다.

테일러Shelly Taylor와 피스케(1975)는 관찰자를 앞, 뒤 그리고 옆에 앉혀놓고 두 사람이 마주보며 대화하는 것을 듣고 평가하도록 했다. 대화하는 두 사람은 '행위자'라고 하고, 지켜보는 이들을 관찰자라고 한다. 그리고 관찰자들은 행위자 앞(1, 2), 뒤(3, 4), 옆에(5, 6 관찰자) 앉아서 행위자들이 대화하는 것을 관찰했다. 행위자 A와 B 두 사람은 처음 만난 사람처럼 대화를 나누었으나 그들의 대화는 실험자가 사전에 미리 꾸민 거라서 양측 모두 동일한 발언량과 동일한 수준의 대화를 했다. 물론 관찰자들은 그런 사실을 모른다.

관찰자들은 두 행위자가 5분 동안 진행한 토론을 지켜보고 나서 두 사람 중 누가 목소리를 크게 냈으며, 서로 나눈 얘기를 결정하는 데 누가 더 큰 결정권을 가지고 있었는지, 다른 행위자에게 서로 얼마나 많은 영향력을 행사했는지를 평가했다.

그랬더니 관찰자들은 지각적으로 더욱 특출한 행위자, 즉 관찰자가 마주 앉아 보았던 행위자(1, 2 관찰자에게는 A가, 3, 4 관찰자에게는 B가 지각적으로 특출함)가 더 지배적이었고 영향력이 컸다고 평가했다. 그에 비해 두 행위자로부터 동일한 위치와 거리에 앉아 있던 관찰자 5, 6에 대해서는 두 행위자의 영향력이 비슷했다고 평가했다.

사람들은 이처럼 어떤 원인을 찾거나 세상을 바라볼 때 지각적으로 특출한 자극들의 역할을 강조한다. 이는 곧 지각적으로 튀는 사람들이 그렇지 않은 사람보다 비판의 대상이 될 가능성이 높다는 점을 보여준다. 그래선지 '가만히 있으면 중간이나 간다'는 말이 설득력 있게 다가온다.

군대에서의 여자, 미국 프로농구에서의 백인, 심한 사투리나 독특한 머리 스타일, 지나치게 뚱뚱하거나 마른 특성처럼 특출한 사람들은 그렇지 않은 사람들보다 비난의 도마에 오를 소지가 더 많다. 그러나 튄다는 것은 어떤 집단에서 지배적인 역할을 담당할 가능성을 높여준다. 그래서 어떤 조직이든지 처음에 말을 많이 하는 사람을 대표로 뽑는 경향이 있다.

13

모일수록
게을러지는 사람들

● 사회적 태만 실험 ●

예를 들어, 1만큼의 힘을 가진 사람 열 명이 있다고 하자. 이들이 함께 모여 줄다리기를 할 경우, 발휘되는 힘의 합계는 다음 중 어느 것일까?

① 10   ② 10보다 크다   ③ 10보다 작다   ④ 알 게 뭐야

정답은 '10보다 작다'이다. 매우 유감스런 사실이지만, 여러 명이 모여 어떤 일을 할 경우 그 능률은 개개인의 능력을 합친 것에 훨씬 못 미치는 것으로 보고된다. 졸업식장에서 교가 부르는 소리, 행사장에서 애국가 부르는 소리도 각자의 목소리를 합친 값보다 훨씬 작다. 지적인 과제를 공동으로 수행할 경우에도

이런 현상은 어김없이 나타난다(웰던Elizabeth Weldon 등, 1988).

왜 그런 일이 벌어지는 것일까? 이 의문을 풀기 위해 심리학자 링겔만Maximilien Ringelmann은 일찍이 1920년대에 한 가지 실험을 했다.

Psycho **LAB**

링겔만은 독일의 공장노동자들에게 가능한 한 힘껏 줄을 당기라고 하고, 그들의 힘을 측정했다. 참가자들의 수는 수시로 변했는데 때로는 혼자, 때로는 3인이나 8인 집단을 이루기도 했다. 상식적으로는 혼자일 때보다 팀의 일부일 때 더 열심히 할 것이라고 예측되었다.

그러나 결과는 정반대로 나타났다. 혼자서 당겼을 때, 사람들은 약 63kg의 평균 힘을 보였다. 3인 집단일 때 전체 힘은 160kg으로 1인당 53kg에 불과했고, 8인 집단일 때는 더 심해서, 전체 힘은 248kg으로 증가했지만 1인당 힘이 31kg으로 감소하여 한 사람이 내는 힘이 혼자서 했을 때보다 절반 이하로 떨어졌다.

이처럼 혼자일 때보다 집단의 구성원일 때 더 게을러지는 현상을 사회적 태만Social Loafing이라고 한다. 특히 이렇게 집단상황에서의 사회적 일탈 현상을, 첫 연구자인 링겔만의 이름을 따서 '링겔만 효과Ringelmann Effect'라고도 한다.

링겔만 효과는 한마디로 '나 하나쯤이야' 심리라고 부를 수 있다. 여럿이 모일수록 개인이 갖는 책임감과 사명감은 그만큼 분산되고 줄어드는 것이다. 앞서 사회적 촉진의 개념과는 정반대의 경우이다. 경쟁자가 있을 때는 '질 수 없지'하는 심리가 발동해 사회적 촉진이 일어나지만, 경쟁이 아닌 협동의 관계에서는 오히려 사회적 태만이 발생할 가능성이 더 큰 것이다.

링겔만 효과는 이럴 때 나타난다. 기업에서 조직문화를 개선하려는 사람이나, 집단의 능률 문제가 고민인 사람들을 위해 링겔만 효과가 나타나는 상황을 간추려두기로 하자.

첫째, 단순한 과제일 때다. 과제가 단순하면 어떤 일에 의욕적으로 참여하고자 하는 마음이 줄어들기 때문에 사회적 태만이 일어난다. 둘째, 동기가 줄어들 때다. 집단 업무에서 자신의 기여도를 알 수 없는 상태에서는 업무에 대한 동기가 줄어들 수 있다. 또 자신에게 주어져야 할 관심과 주의가 여러 사람들로 분산되기 때문에 동기가 줄어들기도 한다. 셋째, 통합력이 없을 때다. 여러 사람이 어떤 일을 하는 경우 힘을 어느 시점에서 통합시킬지를 파악하기 힘들기 때문에 힘의 상실이 나타나 사회적 태만이 일어난다. 넷째, 책임감 분산이다. '나 하나쯤이야'하는 생각은 공동으로 일을 추진하는 데 있어 장애물로 작용한다. 이는 여러 사람이 있을 때 도움행동이 줄어드는 것과 비슷한 원리다.

사회적 태만의 예방

1. 단순한 과제는 분업을 실시하고, 개인적인 책임량을 할당한다.

2. 작업 결과를 개인별로 피드백할 수 있는 시스템을 활용함으로써 개인에게 자신이 공동작업에 기여한 바를 알 수 있도록 해준다.

3. 공동작업일 경우 작업과 휴식 시간을 리듬감 있게 활용해 작업의 통합력을 높인다.

4. 공동작업은 어려운 과제나 성취동기가 강한 과제일 때만 실시하고, 그렇지 않을 경우에는 개별작업을 하게 한다.

집단생산성은 누구에게 달려 있는가

스타이너Ivan Steiner는 몇 개의 서로 다른 유형의 과제를 분석하여 집단생산성과 관련 있는 과업을 다음과 같이 비교했다(1972).

1. **가산적 과업Additive Task** : 집단생산성이 개개 노력들의 합계

인 과업. 가령, 이삿짐을 나른다거나 차를 미는 것과 같은 경우에는 협동이 필요하며 집단생산성이 집단구성원 전체에 달려 있다.

2. **접합적 과업**Conjunctive Task : 집단이 성공을 거두기 위해서는 모든 집단구성원이 성공을 거두어야만 하는 과업. 가령, 한 팀이 모두 통과해야 하는 경기나 스파이가 적진에 침투하는 작전은 한 사람의 실수는 전체 과업의 실패로 이어질 수 있다. 이런 경우 집단생산성은 가장 무능한 집단구성원에 달려 있다.

3. **비접합적 과업**Disconjunctive Task : 집단이 성공을 거두기 위해서는 단 한 사람이 과제를 해결하면 되는 과업. 예를 들어, 퀴즈에 두 명이 출전했을 경우 한 사람이 잘 맞추거나 복잡한 과제를 잘 해결하면 된다. 즉, 집단생산성은 가장 유능한 구성원의 능력에 달려 있다.

14

모일수록
힘이 나는 사람들

● 사회적 촉진 실험 ●

한 마라토너가 외롭게 달리고 있는 모습이 카메라에 잡힌다. 지치고 힘겨운 표정이다. 그때 뒤에서 쫓아온 다른 마라토너가 그 옆에 다가선다. 힘겨워하던 마라토너의 눈에 불이 번쩍하더니 이를 악물고 속도를 내기 시작한다. 사이좋게(?) 달려가는 두 마라토너. 그 위에 짧은 멘트가 떠오른다.

"함께 뛰어야 기록이 좋아집니다."

경쟁자가 있으면 성적이 좋아지는 것은 육상경기 기록에서 이미 입증된 사실이다. 예컨대 100m 달리기만 해도, 0.01초를 다투는 경쟁자가 있고 없는 차이가 우승자의 기록에 큰 영향을 끼친다.

여러 사람들이 모여 일을 하게 되면 능률도 오르고 힘도 덜 든다. 이러한 현상을 심리학에서는 사회적 촉진Social Facilitation이 라고 한다. 물론 이는 꼭 사람에게만 나타나는 현상은 아니다. 쥐나 바퀴벌레, 잉꼬새도 여럿이 있으면 일을 더 잘하고 먹이를 찾는 행동도 더 잘한다. 특히 개미는 혼자 있을 때보다 집단 속 에 있을 때 세 배나 더 많이 땅을 팠다(첸Shisan Chen, 1937). 하지 만 사회적 촉진이 사람에게 주는 의미는 쥐나 개미의 경우와는 차원이 다르다. 사람은 사회 속에서만 진정한 삶을 살아갈 수 있 는 '사회적 동물'이기 때문이다.

사람들에 있어 타인의 존재가 과제 수행이나 업무 수행에 미 치는 영향을 심리학에서 최초로 알아본 사람은 트라이플리트 Norman Triplett다. 그는 사회심리학 최초의 실험이라고 할 수 있는 사회적 촉진 실험을 실시했다(1898).

Psycho **LAB 1**

트라이플리트는 사이클 선수들이 경쟁할 때 더 빨리 달리는 것을 보고 아이들을 대상으로 실험을 했다. 그는 다른 사람이 있 을 때 아이들이 과제를 더 빨리 수행하는가를 알아보기 위해 낚 시용 릴 감기 실험을 고안했다. 아이들은 트라이플리트의 예상

대로 혼자보다 집단 상황에서 낚시용 릴을 더 빨리 그리고 더 열심히 감아올렸다. 타인의 존재가 사회적 촉진을 일으킨 것이다.

그러나 다른 사람이 있다고 항상 사회적 촉진이 일어나는 것은 아니다. 자종크Rober Zajonc에 따르면 사람들이 함께 있는 것은 개인의 충동이나 동기를 높여준다(1965). 그러나, 높아진 충동이나 동기가 과제의 수행을 촉진시킬 것인지 억제시킬 것인지는 과제의 성격에 달려 있다. 가령 과제가 잘 학습된 것이거나 연습이 잘된 것이라면 타인의 존재는 과제를 촉진시킬 수 있지만 그렇지 않을 경우에는 오히려 과제 수행을 억제시킬 수 있다. 그런 경우를 잘 묘사해주는 실험이 다음의 당구장 실험이다.

미카엘즈J. W. Michaels와 그의 동료들은 학생회관 당구장에서 당구를 치는 사람들의 행동을 관찰했다(1982). 당구 실력이 평균 이상(약 300점 이상)이거나 평균 이하(약 100점 이하)인 사람들의 쌍을 확인하고 그들의 점수를 비밀리에 기록했다. 그 다음에 네 명의 실험협조자로 구성된 팀의 몇몇 게임을 자세하게 관찰했다.

그 결과 당구 점수가 높은 사람들은 타인들이 지켜볼 때 더 잘 쳤다. 그들의 정확도는 지켜보기 전에는 71%였으나 지켜본 후에는 80%로 늘어났다. 그러나 당구 점수가 낮은 사람들은 타인들이 지켜보았을 때 오히려 더 못 쳤다. 그들의 당구 정확도는 36%에서 26%로 줄어들었다.

　이는 사회적 촉진이 과제의 학습 정도에 따라 다르게 일어난다는 자종크의 이론이 입증된 것이다. 이런 결과를 놓고 생각해보면, 운동선수들이 경기를 망치고는 "긴장해서 실력 발휘를 못했어"라고 변명하는 것은 사실 근거 없는 말이다. 오히려 훈련을 제대로 하지 않아 실력 자체가 모자랐다고 보는 게 옳다. '학습 정도'가 낮을 경우에 사회적 억제가 일어나기 때문이다. 그러니 선수들도 실패하거나 졌을 경우 더 이상 구구한 변명을 늘어놓지 말고 자신의 실력을 탓하고, 좀 더 노력하는 것이 현명할 것이다.

사회적 촉진Social Facilitation이 일어나는 경우

1. 단순한 과제일 때 발생한다 : 문제가 쉽거나 단순노동과 운전 같이 복잡하지 않은 과제일 때 발생한다.

2. 익숙한 과제일 때 발생한다 : 평소에 그 과제를 잘 숙달하고 있으면 관객이 있을 때 촉진 현상이 일어난다.

3. 관객 효과 때문에 발생한다 : 남 앞에서 맡은 바 과제를 잘 수행하게 되면 자존심이 높아지기 때문에 촉진 현상이 일어난다.

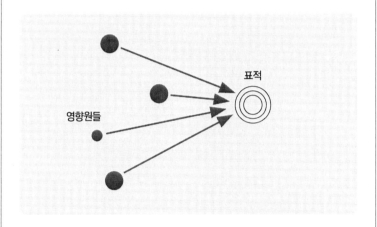

많은 사람이 관심을 가지고 어떤 사람을 지켜볼 때 사회적 촉진이 일어나는데, 그것은 사람들의 수(원들의 수), 사람들의 직접성(원들의 근접성), 사람들의 강도나 중요성(원들의 크기)에 따라 결정된다.

사회적 억제Social Inhibition가 일어나는 경우

1. 지나친 긴장 : 지나친 각성은 주어진 과제를 수행하는 데 필요한 '최적 각성 수준'의 유지를 방해해 사회적 억제를 일으킨다.

2. 주의 분산 : 타인들에 의해 빚어진 주의 분산은 복잡한 과제일 경우 사회적 억제가 발생한다.

3. 평가 불안 : 어떤 사람들은 평가 불안을 가지고 있다. 시험에 대한 공포를 느끼고 있다거나 시합 전에 설사가 자주 나오는 사람들은 타인의 평가에 지나치게 민감한 성격 때문에 단지 남들이 있다는 사실만으로도 사회적 억제가 일어난다.

4. 경쟁 심리 : 지켜보는 사람들을 잠정적인 경쟁 상대라고 간주하기 때문에 사회적 억제가 일어날 수 있다.

5. 책임감 분산 : 여럿이 일하는 경우 '나 하나쯤이야' 하는 심리가 사회적 억제를 일으킨다.

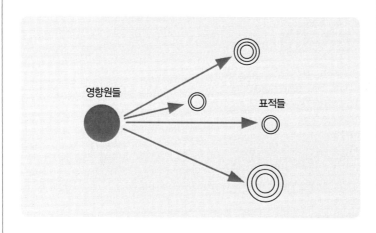

각 개인이 사회적 영향의 여러 표적 중 단 하나에 불과할 때

개인에 대한 관중의 영향은 줄어들고 사회적 태만이 발생한다. 즉 여럿이 일을 할 때나 선생님 한 명이 여러 학생을 대상으로 수업할 경우 학생은 태만해 지기 쉽다.

15

왜 승객이 택시기사 편을
들게 될까

● 내집단과 외집단 ●

조예슬 씨는 택시 타는 것이 편치 않다. 택시를 타고 집 앞까지 가자고 하기는커녕 합승 손님이 없기라도 하면 기사에게 미안한 생각마저 든다.

어느 날 예슬 씨가 타고 가던 택시가 승용차와 부딪쳤다. 대형 사고는 아니었지만 양쪽 차 모두 심하게 부서졌다. 예슬 씨가 보기엔 택시의 잘못이 더 큰 것 같았다. 그러나 경찰이 도착해서 목격자 진술을 받을 때 예슬 씨는 택시가 아닌 승용차 운전자가 끼어들었다고 말했다. 도대체 왜 예슬 씨는 평소에 그렇게 탐탁지 않아 하던 택시 운전기사의 편을 들었을까?

유유상종이란 말이 있다. 서로 비슷한 사람들끼리 잘 어울리기 때문에 생긴 말이다. 상대방이 자신과 여러모로 비슷하면 긴장하지 않아도 되고, 의식적으로 노력하지 않더라도 비교적 쉽게 상대방을 이해할 수 있는 이점이 있는 것이다.

비슷한 사람들끼리 모이는 현상은 사람들을 '범주화'하는 현상이다. 그런데 이러한 범주화는 상대방을 자신과 지나치게 동일시하고 단순화시킴으로써 오해와 착각(오지각)을 일으키기도 한다.

수많은 심리학 연구들은 단순한 범주화가 사람들을 '우리(내집단)'와 '그들(외집단)'로 분류하여 차별을 일으킬 수도 있다는 사실을 보여준다. 심지어, 사람들은 '당신은 A집단, 당신은 B집단'하는 식으로 그냥 나눴을 때조차 다른 집단에 속한 사람들을 차별한다. 일단 자기가 어떤 집단에 속한다고 생각하면, 그 사람은 자기 집단의 구성원들에게만 유리하게 행동하는 경향이 있는 것이다.

심지어, 이런 편애는 자기가 속한 집단에 관해 거의 또는 전혀 알지 못할 때조차 나타난다. 조예슬 씨의 경우도 바로 그렇다. 태즈펠Henry Tajfel과 그의 동료들의 실험(1971)에서 범주화에 따른 집단 간 차별행동이 어떻게 나타나는지를 알아보자.

실험자들은 학생들을 두 집단으로 나누었다. 그리고는 화가 중 클레를 좋아하는 쪽과 칸딘스키를 좋아하는 쪽으로 나누었다고 말해주었다. 그러나 실제로 학생들은 아무 기준 없이 임의로 나누어졌다. 동료 구성원들(내집단)이나 다른 집단의 구성원들(외집단)은 실제로 아무런 상호작용도 없었다. 하지만 학생들은 실험에 참여하고 있는 다른 학생들을 평가하고 그들에게 약간의 보수를 나눠줄 것을 요구받았다. 그 결과 참가자들은 외집단 구성원들을 희생시키면서 내집단 구성원들을 긍정적으로 평가했고 보수도 더 많이 주었다.

이 실험은 비록 자신에게 어떤 이득도 없고, 내집단과의 어떤 유쾌한 상호작용도 없고, 외집단과의 어떤 불쾌한 상호작용이 없을지라도 단순한 범주화가 편애와 차별을 일으킬 수도 있다는 사실을 보여주고 있다.

사람들은 집단을 형성함으로써 하나의 나약한 존재로서 느끼는 불안을 해소하려고 한다. 사람들은 자연과의 투쟁이나 다른 집단과의 생존 경쟁에서 살아남고자 집단을 형성한다. 이러한 경향은 단순히 네 편과 내 편을 가르는 범주화에서도 나타난다. 사실 거의 모든 집단 구분은 사람들이 의미를 부여해서 만든 인위적 구분에 불과한데도 말이다.

단순히 나는 이쪽, 너는 저쪽이라는 분류만으로도 내 편과 네 편이 갈라지는 것을 보면, 인종, 출신지역, 성별과 같은 비교적 명확한 기준에 근거하는 경우 그 영향력이 훨씬 더 클 것이라는 추론도 가능하다. 더욱이 그런 집단 내에서는 상호작용이 끊임없이 일어나기 때문에 다른 집단에 대한 차별 대우가 더욱 심할 것이다. 우리 사회가 안고 있는 가장 큰 고민 중의 하나인 지역감정 문제도 이런 심리적 배경을 가지고 있는 것이다.

이제 조예슬 씨가 택시기사의 편을 든 이유를 어느 정도 알 것 같다. 하지만 예슬 씨에게 한마디 충고할 말이 있다. 그런 단순한 범주화야말로 스스로를 사람과 사람을 차별하고 줏대 없이 시류에 편승하는 어리석은 사람으로 이끄는 지름길이라는 사실을. 엉뚱한 이유로 네 편, 내 편을 가르는 사람들이 많아지고 있는 세상에서, 더욱 경계해야 할 문제가 아닐 수 없다.

16

목격자의 증언은
얼마나 믿을 수 있는가

● 목격자 증언 실험 ●

교사가 교실에서 강의를 하고 있었다. 이때 두 학생이 갑자기 일어나 말다툼을 하며 싸웠다. 교사가 말리자 한 학생이 권총을 발사했다. 이 장면을 목격한 학생들에게, 당시 사건을 있는 그대로 쓰도록 했다. 목격자에 따라 다르긴 했지만 26~80%의 학생들이 거짓 진술을 했고, 거짓 진술은 사건의 후반부로 갈수록 더욱 심했다. 싸움을 지켜보던 목격자들이 사건 후반부로 갈수록 감정이 격해져 자신의 감정에 따라 사건을 기억했기 때문이다.

이 상황은 심리학자인 뮌스터베르크Hugo Munsterberg가 목격자 증언의 신빙성을 알아보려고 의도적으로 꾸민 것이다(1908). 비

록 아이들을 대상으로 한 실험이기는 하지만 목격자 증언의 신
빙성에 대해 의문을 갖게 하기에 충분한 실험이다.

심리학의 연구들은 경영학, 사회학, 사회복지, 행정학, 문학
등과 같은 인접 학문에서 많이 활용되고 있다. 심리학은 사람을
연구하기 때문에 그 연구 결과들은 곧 인간과 관련된 모든 학문
분야와 연결되는 것이다.

그중에 최근 들어 관심을 끄는 분야가 법, 범죄, 법정과 관련
된 심리학 연구들이다. 특히 미국의 법정에는 배심원제가 있어,
배심원들의 동조에 따른 의사결정, 범인 진술의 진실성, 목격자
증언의 신빙성 등의 문제에서 심리학 연구 결과들이 많이 활용
되고 있다.

대개 재판 과정에서 유·무죄를 결정하는 데 가장 중요한 근
거는 물증, 범인의 진술, 그리고 목격자의 증언이다. 그런데 대
개의 범죄 사건들은 물증을 확보하기가 어렵다. 그럴 경우 범죄
자의 진술이나 목격자의 진술이 가장 중요한 판단 기준이 된다.
그러나 이러한 과정은 모두 기억에 의존할 수밖에 없는데, 기억
의 특성상 상황, 감정, 질문의 형태에 따라 재구성될 가능성이
매우 크다.

사람들은 나름대로 세상을 보는 방식이 있다. 폭력배의 인상
은 어떻고, 사기꾼의 인상은 어떻고, 교통사고의 장면은 어떨
것이라는 등 각자의 경험을 통해 얻은 나름의 시각을 가지고 있
다. 이러한 방식은 기억에도 영향을 준다. 사람들은 자기가 보

고 들은 바를 그대로 기억하는 것이 아니라 이를 적극적으로 재구성하고 각색해서 기억한다.

목격한 사건을 기억할 때의 오류 중 흥미로운 것은 목격자에게 던져진 질문 때문에 생기는 목격자 증언의 오류이다.

이러한 사실은 로프터스Elizabeth Loftus와 팔머John Palmer의 실험에서 확인되고 있다(1974).

Psycho **LAB**

피험자들에게 자동차의 속력에 관해 물었다. 어떤 피험자들에게는 '두 차가 서로 충돌해서 박살이 났을 때, 두 차는 얼마나 빨리 달리고 있었는가?'라는 질문(강한 질문)을 했고, 다른 피험자들에게는 '두 차가 서로 부딪쳤을 때 두 차는 얼마나 빨리 달리고 있었는가?'라는 질문(약한 질문)을 했다. 실제로 필름에는 깨진 유리가 나타나지 않았다. 그러나 차량충돌 사건에서는 깨진 유리를 전형적으로 생각할 수 있다. 그 결과, '충돌해서 박살났다'는 질문을 받은 피험자들이 '부딪쳤다'는 질문을 받은 피험자들보다 깨진 유리를 봤다는 보고를 더 많이 했다.

이러한 사실은 강한 질문을 받은 집단이 속도를 높게 추정하고, 실제로 고속으로 달리다가 사고 났을 경우의 상황에 대한 도식을 떠올렸음을 의미한다. 목격자들은 그들이 본 것을 질문에 따라 재구성해서 대답하고 있었다. 여기서 도식이란 어떤 대상이나 인물의 지각에 영향을 미치는 조직화된 인지 구조 세트를 말하는 것으로, 건물의 기초가 되는 벽돌과 유사한 기능을 한다. 도식은 정보처리를 빠르고 효율적이게 해주는 장점이 있지만, 객관적인 정보를 모두 다 처리하지 않기 때문에 고정관념을 유발시키는 단점이 있다.

한 가지 더 흥미로운 사실은, 질문이 잘못됐을 수 있다고 말해줬을 때도 목격자들은 자신의 보고를 여간해서는 수정하지 않았다는 점이다. 실험자들은 이러한 현상을, 잘못된 질문이 목격한 사건의 기억에 실제로 통합되었기 때문에 발생하는 것이라고 해석했다. 즉, 잘못 유도된 질문은 기억하고 있는 내용의 해석에만 영향을 미치는 것이 아니라 기억의 내용을 직접 변경시킨다는 것이다.

이러한 실험 결과는 목격자들에게 정보를 얻어내기 위해서는 단 하나의 질문을 하더라도 좀 더 신중을 기해야 한다는 사실을 단적으로 보여주고 있다. 또, 반대로 수사기관의 고의적인 유도가 목격자의 증언을 왜곡시킬 수도 있다는 점을 시사해주고 있다.

목격자 증언의 보완

목격자들에게 질문하는 것도 증언을 왜곡시킬 수 있고, 스스로 이야기하는 것도 재구성될 수 있다. 이러한 단점을 보완하면서 더욱 객관적인 정보를 얻어내기 위해 립튼Jack Lipton(1977)은 한 가지 실험을 해보았다.

피험자들에게 각색된 살인 필름을 보여주고 나서 보았던 내용을 말하도록 했다. 그 결과 질문 없이 자유회상이 허용되었던 피험자들이 가장 정확했다. 이 피험자들은 진술 내용의 90% 이상이 옳았다. 그러나 유도질문이나 선다형 질문을 받았던 피험자들은 훨씬 더 부정확했다.

이 실험은 목격자 증언의 경우 어설픈 질문보다 목격자 스스로 사건과 관련된 상황을 진술하도록 하는 것이 훨씬 더 정확하고 사실과 가깝다는 것을 보여준다.

그러므로 경찰, 검사, 변호사와 같이 목격자들의 정확한 증언이 필요한 사람들은 적어도 심문 초기에는 목격자 스스로 목격한 사건을 진술하도록 하는 것이 무엇보다 중요하다.

17
예비군복을 입으면 사람이 달라진다?

● 몰개성화 ●

예비군 중대장 최용훈 씨가 입만 열면 하는 얘기가 있다. "예비군복을 입혀놓으면 다들 왜 개차반이 되는지 모르겠다." 알고 보면 다 점잖은 양반들이요, 직장에선 일등 사원이고 가정에선 일등 남편들일 터인데, 예비군 수송차량에 일단 올라타는 순간부터 '딴 사람'이 된다는 게 용훈 씨의 불평이다.

사실 용훈 씨의 불평에는 근거가 있다. '아무도 보지 않을 때'의 행동과 보통 때의 행동 간에는 누구나 차이가 있기 마련이다. 특히 어떤 집단에 속하게 되어 남들이 자기를 알아보지 못할 경우, 즉 익명성이 갖춰졌을 때는 더욱더 '평소답지 않은' 행동을 하는 경향이 있다. 이런 경향이 조금 더 확대되면, 집단에 의한 비이성적인 폭력으로 발전하기도 한다.

1931년, 한 흑인 남자가 백인 여자를 강간한 혐의로 교도소에 수감되었다. 그가 강간했다는 뚜렷한 증거는 없었다. 그러나 그는 교도소에 수감되었고, 흥분한 시민들은 교도소 안으로 들어가 그 흑인을 끌어내 고문했다. 그가 강간을 저질렀다는 명확한 증거가 없었지만, 그는 가혹한 고문으로 인해 죽고 말았다. 전혀 폭력적이라고 생각되지 않던 시민들의 무참한 폭력집단으로 돌변한 것이다.

대개 집단 속에서 일어나는 일들은 규칙적이고 조직적이다. 군대나 학교, 직장에서 사람들은 규칙에 따라 움직인다. 그러나, 집단 속에서 일어나는 행동들이 어떤 경우에는 훨씬 비이성적이고 극단적이다. 일찍이 르 봉Gustave Le Bon이라는 사회학자는, 이러한 현상은 한 사람의 정서가 집단으로 퍼져 집단 구성원들이 동일한 양식으로 느끼고 행동하기 때문에 나타나는 것이라고 주장했다(1895). 이는 마치 바이러스에 의해 독감이 퍼지는 것과 같다. 심리학에서는 이러한 현상을 '사회적 전염'이라고 한다. 사회적 전염은 사람들이 가지고 있는 도덕심, 가치체계, 사회적 규칙들, 책임감에 의한 행동 통제 시스템이 붕괴되고 원초적인 공격성과 성적인 충동들이 순간적으로 분출됨으로써 발생한다.

이러한 사회적 전염은 현대에 들어 몰개성화Deindividuation라는 말로 쓰이기도 한다. 집단 속에 있는 사람들은 때로 몰개성화를 경험한다. 그럴 경우 개인의 정체성은 집단의 목표와 행위규범으로 치환된다. 그렇게 되면 자신의 가치와 행동을 덜 인식하고, 그 대신에 집단과 상황에 초점을 맞추게 된다. 몰개성화가 일어나면 개인은 집단이 무엇을 하는가에 대한 감수성이 증가하고, 개인적 책임감은 상실하게 됨으로써, 집단 속에 개인이 잠겨버리게 되는 것이다.

예비군복을 입은 사람들이 그러하듯, 집단 속의 사람들은 자신의 행위를 집단의 행위로 간주하기 때문에 개인적인 책임을 덜 느끼고 그것이 초래할 결과에 대해서도 걱정을 덜하게 된다. 이러한 점들은 사람들이 집단 목표를 충실하게 수행하도록 하는 이점이 있지만, 때로 사람들에게 반사회적 행동을 할 소지를 제공하기도 한다. 몰개성화가 반사회적인 공격성을 증가시킬 수 있다는 사실은 짐바르도Philip Zimbardo가 실험을 통해 밝혀냈다(1970).

Psycho **LAB**

4명으로 구성된 여자 피험자들은 낯선 이들에 대한 동정적 반응을 연구하려 한다는 말을 듣고 실험에 참여했다. 한 조건에

서 피험자들은 서로 이름을 부르면서 인사했고, 명찰까지 달아 주어 서로의 신분을 쉽게 알 수 있었다(실명 집단). 다른 조건에서 피험자들은 조금 큼지막한 흰색 가운을 입었고, 머리에 두건을 썼다. 그들의 이름은 불리지 않았고, 신분을 확인하기도 어려웠다(익명 집단).

이들 두 집단의 피험자들에게, 그들의 집단에 속해 있지 않은 한 여자에게 전기충격을 줄 기회가 주어졌다. 그러자 신원 확인이 불가능한 익명 집단에 속한 피험자들은 실명 집단에 속한 피험자들에 비해 2배 이상의 전기충격을 주었다.

이러한 결과는 익명성이 보장될 때 사람들은 몰개성화되고, 그것은 공격행동을 비롯한 반사회적 행동으로 이어질 수 있음을 보여준다.

실제로 많은 범죄자들의 경우 신분과 얼굴을 가리기 위해 마스크를 쓰거나 스타킹을 뒤집어쓴다. 극단적인 백인우월주의 단체 KKK단도 흰색 두건을 뒤집어쓰고 행동한다.

여러 연구결과는 집단 상황이 개인의 익명성을 보장해주고 초점이 개인에서 벗어나 집단에게 돌려질 때, 몰개성화 현상이 나타난다는 사실을 보여주고 있다. 즉 자신이 아닌 집단의 감정과 이익을 앞세우게 될 때 몰개성화가 나타나는데, 여기에 익명성까지 보장된다면 그러한 현상은 더 촉진될 것이다.

어쨌든, 집단 속에서 책임 소재가 확실하지 않으니까, 또 책임감이 분산되기 때문에 자기 자신을 잃고 용감해진다면 그것은 '자기'가 확실하지 않은 사람임을 자인하는 것이라는 점을 알아야 하겠다.

18

별명에 따라
행동도 달라진다

● 낙인 효과 ●

    카센터를 운영하는 이종구 씨는 지금도 10년 전 그날이 생생하게 기억난다. 혈기왕성하던 스무 살 시절, 이종구 씨는 대학에 합격한 기분을 즐기러 친구들과 함께 나이트클럽에 갔다. 최선을 다한 뒤에 합격이란 열매를 얻었으니 이종구 씨와 친구들은 더 이상 부러울 것이 없었다. 그러나 그 기분이 지나쳐 과음했고, 별것도 아닌 일로 시비가 붙어 상대편 중 한 사람을 다치게 했다. 문제는 거기서 끝나지 않았다. 집안 형편상 치료비를 물어줄 수도 없어 합의가 안 되자 피해자를 직접 가해한 이종구 씨는 1년 동안 실형을 살아야만 했다. 졸업 후, 취업을 하려 했지만 전과자라는 낙인 탓에 일자리를 얻기가 힘들었다. 기술을 배워 지금은 조그만 카센터를 운영하고 있지만 이종구 씨는 한 번의 실수 때문에 너무나 비싼 대가를 치러야만 했다.

우리는 어떤 사람이 전과자고, 어떤 사람이 정신과 병력을 가지고 있고, 어떤 사람이 이혼한 경력이 있다고 하면 왠지 모르게 색안경을 끼고 본다. 일종의 편견이다. 하지만 그런 편견은 거기서 끝나지 않고, 그런 사람들과 거래는 물론이고 인간적인 교류조차 하지 않게 한다. 이처럼 과거 경력이 현재의 인물 평가에 미치는 여향을 '낙인 효과Stigma Effect'라고 한다. 이는 소의 주인을 표시하기 위해 소 등짝에 도장을 찍듯이, 죄인과 노예들에게 낙인을 찍는 데서 유래된 말이다. '한 번 나물 밭에 똥 눈 개는 늘 눈다고 의심받는다'는 속담처럼 과거의 행동 때문에 지금의 행동까지 의심받는 현상이 낙인효과다.

낙인 효과는 대개 부정적인 뉘앙스를 띤다. 그러나 이런 낙인 효과를 잘 활용하면 다른 사람들의 행동을 변화시키는 데 활용할 수도 있다. 가령, 기부금을 모은다고 하자. 과거 독재정권 때처럼 사람들에게 기부금 좀 내라고 하고, 기부금을 내지 않으면 불이익을 당할 거라고 위협하면 가장 많이 걷힌다. 그러나 그렇게 직접 자신들의 요구를 전달하지 않더라도 낙인 효과를 이용해 기부금을 모을 수 있다.

심리학자인 크라우트_{Robert Krout}(1973)는 피험자들에게 불우이웃돕기 성금을 내도록 요구했다. 그런 다음 그들이 기부금을 냈는지에 따라 기부금을 냈으면 '자선적'이라고 불렀고(자선 집단), 기부금을 안 냈으면 '비자선적'이라고 불렀다(비자선 집단). 그리고 한 무리의 피험자들은 비교를 위해 아무런 명칭으로도 부르지 않았다(통제 집단). 세 집단에게 일종의 낙인을 찍은 것이다. 그리고 나서 다시 기부금을 내도록 요구했다. 그랬더니 피험자들은 자신들이 가지고 있는 낙인에 따라 행동했다. 처음에 기부를 하고 자선적이라고 호칭되었던 피험자들은 비자선 집단이나 통제 집단보다 더 많이 기부했다. 그러나 처음에 기부를 하지 않고 비자선적이라고 호칭되었던 피험자들은 자선 집단이나 통제 집단보다 기부를 덜 했다.

이런 낙인 효과는 사람들에게 주어지는 이름이나 별명, 명칭이 중요할 수 있음을 보여준다. 사람들은 자신의 이름이나 별명, 명칭에 걸맞는 행동을 하기 때문이다. 그래서 아이 이름이나 별명도 이왕이면 긍정적이고 좋은 것으로 지어주는 게 좋다. 그러나 '게으름뱅이' '전과자'와 같은 부정적인 낙인은 오히려 그런 낙인을 가진 사람들에게 역효과를 준다. 그런 낙인이 찍힌 사람들은 자신들의 행동을 게으름뱅이, 전과자에 맞추어 행동할 가능성이 크기 때문이다.

호적에 빨간 줄 올라가는 게 금기시되는 우리 사회에서 부정적으로 낙인찍히는 것은 분명 좋은 일이 아니다. 저 사람은 이직 가능성이 크고, 저 사람은 사고유발 가능성이 크고, 저 사람은 공금횡령 가능성이 크고, 저 사람은 성실하지 않고. 이처럼 우리는 일상적으로 낙인을 찍으며 살고 있다. 또한 한번 찍힌 낙인은 웬만해서는 지워지지 않는다. '부장한테 찍혔어. 이제 난 끝장이야.'

그러나 살아온 날보다 살아갈 날이 더 많은 이 시점에 우리는 과거의 족쇄를 풀고 그것으로부터 자유로워져야 한다. 과거를 무시할 수는 없지만 우리의 두 발은 지금 현재에 놓여 있고 미래를 향하고 있을 뿐이다.

19

'경쟁'의
심리학

● 경쟁과 갈등 ●

옆 차선에서 갑자기 다른 차가 추월을 시도하면 슬그머니 자기 차의 가속기에 발이 올라간다. 기말시험을 준비하는데 같은 과 친구가 노트 필기한 것을 바꿔서 보자고 하면 아무래도 내키지 않는다.

사람들은 서로 협동하고 양보함으로써 최대의 이익을 얻을 수 있음에도 불구하고 단지 상대방에게 지기 싫고 상대방이 더 많이 얻는 것이 배가 아파 경쟁하는 경우가 많다. 공동의 이익을 추구하기보다는 상대방과의 차이를 최대화시키는 게임을 즐기는 것이다.

특히 경쟁이 붙었을 경우 서로에게 위협 수단이 존재하면 그 경쟁은 더욱 치열해진다. 이러한 현상은 도이치Morton Deutsch와 크라우스Robert Krauss의 '트럭몰기 게임Trucking Game' 실험(1960)에서 잘 나타난다.

Psycho **LAB**

실험자들은 게임에 참가한 사람들에게, 서로 경쟁하는 트럭 회사인 에크미 사와 볼트 사의 대표라고 생각하게 하고, 자기 트럭을 가능한 한 빨리 출발점에서 종점으로 이동시키도록 요구했다. 빠를수록 더 많은 이득이 생기는 조건이었고, 사용할 수 있는 길은 두 가지였다.

한 가지 루트는 길이 구부러져 있어 멀지만 상대 회사 차와 마주칠 기회가 없었다. 다른 한 가지 루트는 직통 노선이지만 가운데가 일차선 도로여서 한 대가 후진하지 않으면 두 대가 모두 전진할 수 없는 갈등 지점이었다.

그리고 일차선의 끝에 직선통로를 통제할 수 있는 문을 설치했다. 문을 닫으면 상대방의 트럭이 직통노선을 사용하지 못하도록 할 수 있었기 때문에 그 문은 일종의 위협 수단이었다. 이 위협수단을 한쪽 사람에게만 주는 경우와 아무에게도 주지 않는 경우, 쌍방 모두 에게 주는 경우로 나눠 실험을 진행했다.

그 결과, 가장 빨리 운반해 최대의 이익을 볼 수 있었던 것은 두 운전사 모두 위협수단을 소유하지 않았을 때였고, 가장 느리게 움직여 최소의 이익을 본 조건은 두 운전사 모두 위협수단을 가지고 있었을 때였다. 실제로 이익은 위협 없는 조건에서만 발생했고, 위협이 있는 다른 두 조건에서는 오히려 손실이 발생했다.

이러한 사실은 어떤 갈등 상황 속에서 서로에게 위협 수단이 있을 경우 갈등은 해결되기 어렵다는 점을 보여주고 있다. 상대방에 대한 위협의 가능성을 높이면 갈등이 커지고, 결국에는 모두 손실을 입게 된다. 하지만 상대방을 위협할 수 없다는 무력감은 자존심을 심하게 훼손시킨다. 그렇기 때문에 사람들은 자존심을 상하지 않기 위해 자기 손실을 감수하고서라도 상대방에게 위협을 행사하는 것이다.

결국 상대방에게 위협을 받고도 공격하지 못할 경우 자존심이 상하고, 상대방보다는 조금이라도 더 얻어야 자존심이 선다는 착각이 갈등 당사자 모두에게 손해를 초래하게 한다. 양보하고 상대방을 인정해주는 것이 때로 자기에게도 이익이 될 수 있음을 다시 한 번 확인하게 해주는 이야기다.

심리학 상자

갈등의 순기능(짐멜Georg Simmel, 1955)

1. 갈등은 사회변화를 일으킨다.

미국의 흑인·백인 사이의 갈등이 인종 간의 동등성을 증가시켰고, 여권 운동론자와 남성의 갈등이 여권 신장을 가져온 것처럼, 갈등은 사회변화를 일으키는 순기능이 있다.

2. 갈등은 집단 내 단결과 결속력을 강화한다.

갈등은 집단 내의 단결을 강화함으로써 집단 간의 경계를 분명하게 하고, 집단의 정체성을 확립시킨다. 흔히 집단 간 갈등은 갈등 당사자인 집단구성원들의 응집과 연대를 높여주는 순기능이 있다.

심리학 상자
plus

갈등을 해결하는 방법

1. 갈등상황을 올바르게 지각할 것 : 갈등 당사자들은 때로 공동의

이익 상황인 비합영상황을 합영상황으로 착각하며 경쟁한다. 상황을 있는 그대로 지각하는 것이 중요하다.

2. 위협의 감소를 시도할 것 : 클린턴은 미국이 영구적으로 핵실험을 중단한다고 선언했다. 이는 위협을 줄여 갈등을 해소하려는 '긴장 감소의 점진적 상호작용' 정책인데, 특히 미소 냉전 시대에 효과적이었다.

3. 협상과 흥정을 시도할 것 : 특히 상품 판매나 인질극 상황에서 갈등 당사자들은 협상과 흥정을 하는 것이 중요하다. 그러나 시간을 끄는 것은 때로 부작용을 초래할 수도 있으므로 주의가 필요하다.

4. 접촉을 시도할 것 : 접촉은 갈등을 감소시킨다. 그러나 동등하지 않고 친밀하지 않은 접촉은 오히려 갈등을 증폭시킬 수도 있다.

5. 공동목표를 정할 것 : 집단 간의 갈등을 감소시키는 데 가장 효과적인 방법은 갈등 당사자들에게 최우선적인 공동 목표나 공동의 적을 만드는 것이다.

6. 제3자를 활용할 것 : 갈등 당사자들 간에 타협점을 찾지 못하거나 타협이 어느 한쪽의 자존심을 크게 훼손시킬 경우에는 제3자의 중재가 효과적이다.

20

내기에 진 사람이
큐대를 놓지 않는 심리

• 좌절 효과 •

회사원 김수영 씨는 요즘 포켓볼에 빠져 있다. 달리 운동할 시간도 없고 해서 퇴근 후에 간단히 당구 한 게임 하자는 마음으로 시작한 것이 어느덧 취미가 되어 요즘에는 곧잘 친다. 힘의 강약을 조절하며 당구를 포켓에 집어넣을 때의 쾌감은 다른 어떤 운동에서 느끼는 그것보다 짜릿하다.

어떤 변비약 광고에 포켓볼 배치가 막혀 있다가 확 뚫리는 장면이 있는데, 마지막 볼을 포켓에 집어넣었을 때의 심정은 정말 변비에 걸렸던 사람이 시원하게 볼일을 본 느낌이다. 그래서 김수영 씨는 동료들과 어울려 자주 당구를 치곤 한다. 그런데 김

수영 씨는 당구를 치면서 한가지 궁금한 게 생겼다. 게임을 하면 대개 진 사람들이 당구 큐대를 잘 놓지 않는다는 것이다. 왜 그럴까. 오히려 지면 기분이 나빠 큐대를 먼저 내려놓을 것 같은데, 무슨 미련이 남아 큐대를 들고 당구를 계속 치는 것일까. 혹시 돈을 내기 싫어서 그런 건 아닐까.

당구를 칠 때도 그렇고, 노름을 해서 돈을 잃고서도 그렇고, 사람들은 게임에 지거나 돈을 잃으면 그 자리를 뜨지 않으려는 경향이 있다. 그것은 뒤늦게 분발하려는 심리가 일어났기 때문이다. 그래서 사람들은 당구를 지고서도 큐대를 잘 놓지 않고, 노름을 해서 돈을 잃고서도 노름을 끊지 못한다.

어떤 보상을 기대했다가 보상이 이루어지지 않으면 사람들은 좌절한다. 그러면 좌절은 오히려 다른 행동을 유발하는 하나의 강력한 동기가 되어 사람들의 행동을 더 활성화시킨다. 가령 위급한 환자를 C라는 병원으로 데리고 갔다고 하자. 그런데 그 병원에서는 담당 의사가 없다고 환자를 받아주지 않는다. 환자는 다른 병원을 찾아가야 하는 상황이다. 그럴 경우 보호자들은 처음 C병원에 갈 때보다 더 빨리 움직이게 된다. C병원에서의 좌절이 오히려 다른 병원으로 가는 행동을 활성화시켰기 때문이다. 이처럼 좌절이 다른 행동의 강력한 동기로 작용하는 현상을 '좌절 효과Frustration Effect'라고 한다.

이렇듯 좌절은 또 다른 행동의 동기로 작용한다. 이런 현상은 비단 사람뿐만 아니라 동물에게도 나타난다.

실험자들은 두 개의 직선 통로를 같이 연결시켰다. 처음 84회 시행에서는 쥐에게 각 통로 끝에서 항상 보상을 주었다. 그러나 이 예비 훈련 다음에 통로1의 끝에서는 시행의 50%만을 보상했고, 통로2의 끝에서는 각 시행마다 계속해서 보상을 주었다. 그 결과 통로1에서 보상을 받지 못했을 때 통로2에서 달리는 속도가 현저하게 빨랐다. 결국 통로1에서의 좌절이 통로2에서 달리는 행동의 강력한 동기가 된 것이다(에임젤Abram Amsel과 로우셀 Jacqueline Roussel, 1952).

그렇다면 좌절 효과의 크기는 어떻게 결정되는가? 대개 좌절 효과는 좌절의 양, 다시 말해 실패를 얼마나 아프게 경험했느냐에 따라 달라진다. 가령 당구에서도 내깃돈을 많이 건 게임이라면 지고 나서 그 게임에 대한 미련이나 아쉬움이 더 강해 한 판 더 하고 싶을 것이고, 노름도 돈을 많이 잃었으면 적게 잃었을 때보다 더 하고 싶은 마음이 간절할 것이다. 그리고 보면 자꾸 퇴짜를 놓는 여자에게 계속 도전하는 것도 일종의 좌절 효과인 셈이다. 보상이 감소하면 그에 따라 좌절의 양도 달라지고, 좌절 효과도 달라진다. 다시 말해 보상이 줄어들수록 좌절 효과는 그만큼 커지고, 그다음 행동도 더 강하게 일어난다.

좌절 효과는 실패가 성공의 힘이 될 수 있음을 보여준다. 하지만 좌절 효과가 항상 성공의 힘이 되어주는 것은 아니다. 감당하기 힘들 정도로 큰 좌절은 성공을 향한 디딤돌이 되지 못하고, 오히려 극도의 무력감과 우울증으로 나타날 수도 있다. 그러므로 어떤 사람에게 성취 욕구를 고취시키려고 좌절을 심어주는 것은 신중히 고려해야 한다. 언제나 과하면 탈이 나기 마련이다. 상사 입장에서는 부하 직원의 성취 욕구를 북돋우려고 꾸짖고 나무란다지만, 그 말을 듣는 부하 직원 입장에서는 직장생활을 포기하고 싶어질지도 모른다.

21
죽음에 이르는 병, 절망

● 학습된 무기력 ●

사람들에게 미래에 대한 믿음과 기대가 없다면 어떤 일이 벌어질까? 불안과 공포 속에 종말론자들이 판을 치고, 세상은 쾌락과 파괴의 물결에 휩쓸려 혼돈에 빠지고 말 것이다. 사람들은 미래와 희망이 존재하기 때문에 현재의 어려움과 고통을 참고 견뎌내는 것이다.

로버트라는 24세 미 해병 특공대 병사가 있었다. 그는 이성적이고 절도 있으며, 건장하고 다부진 체격의 군인이었다. 하지만 월맹군의 포로가 된 후 열악한 음식 때문에 체중이 40kg이나 줄었다. 그는 월맹군의 명령과 지시를 꼬박꼬박 따르는 '말 잘 듣는' 포로였다. 그렇게 하다 보면 빨리 풀어줄지도 모른다는 기대가 있었기 때문이다. 기다린 보람이 있었는지 드디어 수용소 사령부로부터 태도가 양호한 포로는 6개월 이내에 석방될 것이라는 발표가 있었다. 로버트는 자신이 1개월 후에 석방될 것이라는 통보를 받았다. 사상 재교육에 앞장선 점이 인정된 것이다.

그러나 한 달이 지나도 석방되지 않았고 한껏 부풀어 있었던 로버트의 기대는 원망으로 바뀌었다. 그 후 로버트는 우울증에 걸려 침대에 웅크린 채 손가락만 빨아댔고, 끝내는 대소변조차 침대에서 보게 되었다. 원래 그의 건강은 다른 수용자에 비해 양호한 편이었으나, 며칠 후 그는 뚜렷한 신체적 이상도 없이 세상을 뜨고 말았다.

로버트의 죽음은 '희망'이 사라졌기 때문이었다. 그는 미래에 대한 꿈을 잃고 자포자기의 상태에 빠져 절망에 굴복하고 만 것이다. 이러한 현상을 단적으로 보여주는 것이 심리학자 셀리그만Martin Seligman의 실험이다(1975). 셀리그만에 따르면 절망은 무력감과 관련되어 나타나는 심리적 현상으로, 경험을 통해 학습된다. 그는 개에게 공포 반응 실험을 하던 중 무력감이 학습되는 것을 발견했다.

셀리그만은 24마리의 개를 세 집단으로 나누어 왕복 상자에 넣고 전기충격을 주었다. 제1집단의 개에게는 코로 조작기를 누르면 전기충격을 스스로 멈출 수 있는 훈련을 시켰다(도피 집단). 제2집단은 코로 조작기를 눌러도 전기충격을 피할 수 없고, 몸이 묶여 있어 어떠한 대처도 할 수 없는 훈련을 받았다(통제 불가능 집단). 제3집단은 상자 안에 있었으나 전기충격을 받지 않았다(비교 집단).

24시간 후 이들 세 집단 모두를 다른 상자에 옮겨놓고 전기충격을 주었다. 그러나 앞서와는 달리, 상자 중앙에 있는 담을 넘으면 전기충격을 피할 수 있게 되어 있었다. 과연 모든 조건의 개들이 전기충격을 피할 수 있었을까?

실험 결과 전기충격 도피 훈련을 했던 제1집단과 전기충격 경험이 전혀 없었던 제3집단의 개들은 중앙의 담을 넘어 전기충격을 피했다. 통제 불가능 집단에서 훈련을 받은 제2집단의 개들은 전기충격이 주어지자 피하려 하지 않고 구석에 웅크리고 앉아 낑낑대며 전기충격을 그대로 받아들이고 있었다.

왜 통제 불가능 집단에서 훈련받은 개들은 피할 수 있는 상황에서도 달아나지 않았을까? 이미 훈련 과정에서 아무리 노력해도 전기충격을 피할 수 없음을 학습했기 때문에 도망칠 엄두를 내지 못했다. 결국 통제 불가능한 상황에서 무력감을 학습하고 통제력을 상실함으로써 절망에 빠져버린 것이다.

개를 통한 실험에서 학습된 무기력을 발견한 이후 셀리그만은 학습된 무력감에 대한 실험을 붕어, 침팬지, 인간에게도 실시했는데 모두 같은 결과를 얻어냈다. 그리하여 셀리그만은 인간의 절망도 학습된다는 결론에 이르렀다.

통제력을 상실한 사람들은 될 대로 되라는 식으로 행동한다. 마치 세상의 흐름에 자신을 맡겨버린 듯한 모습이다. 매사에 자신감이 없고, 남의 의견을 받아들이기보다 무시하고 빈정대기 일쑤다. 심한 경우에는 우울증으로 발전하고, 월맹군 포로 로버트처럼 삶을 포기하고 죽음을 선택하기도 한다. 더욱 큰 문제는, 그 같은 사람들은 타인이나 세상에 대해 막연한 피해 의식을 갖고 있기 때문에 욕구좌절에 따른 공격행동을 저지를 수도 있다는 점이다.

하는 일마다 안 되고, 보는 시험마다 떨어지고, 보는 맞선마다 퇴짜 맞는다면 그 또한 학습된 무기력을 초래하는 원인이 될 수 있다.

그럼에도 무기력에 빠져 희망 없이 우울한 나날을 보내기보다는 기대 수준을 좀 낮추든지 좀 더 노력하든지 한 가지를 결정해서 밀고나가야 한다.

심리학 상자

잃었던 통제력의 회복

1. 세상은 변할 수 있음을 알아야 한다.

세상은 항상 변한다. 사람의 마음도 변하고 유행도 변하고 사시사철 자연도 변하고 시간도 끊임없이 흐른다. 오늘의 실패가 내일과 모레의 실패는 아니다. 세상은 항상 변하고, 변할 수 있음을 알아야 한다.

2. 상황 변별력을 키워야 한다.

사람들은 적은 인지적 노력으로 너무 많은 것을 얻으려 하기 때문에(인지적 구두쇠 심리) 어떤 특수한 상황에서 일어난 특수한 결과라도 비슷한 모든 현상에 과잉 일반화하는 실수를 자주 범한다. 같거나 비슷한 상황이 반복된다고 하더라도 그 결과가 항상 같으리라는 법은 없다.

과잉 일반화의 오류를 줄이는 것은 곧 상황 변별력을 키우는 길이요, 통제력을 회복하고 절망에서 벗어나는 길이다.

3. 작은 것이라도 성공을 경험해야 한다.

이따금 지나치게 높고 큰 목표를 설정해놓고 칠전팔기식으로 도전하는 사람들이 있다. 그러한 무모한 도전보다는 수준을 조금 낮춰 작은 성공을 경험하며 점차 목표를 상향 조정하는 것이 통제력을 회복하는 데 효과적이다.

22
작은 부탁이 통하면
큰 부탁도 통한다

● 문간에 발 들여놓기 ●

유능한 검사인 김진수 씨는 한 폭력조직으로부터 기묘한 협박을 받았다. 여자관계를 폭로하지 않는 조건으로 그들이 주는 돈을 받으라는 요구였는데, 그 돈의 액수는 많지도 적지도 않은 5백만 원이었다. 명문가의 자녀인 아내의 후원이 꼭 필요했던 김 씨로서는 고개를 갸웃거리면서도 그 '협박'을 수용하지 않을 수도 없었다.

그 폭력조직은 며칠 후, 김 씨가 맡은 단순 폭력사건의 용의자 한 명을 풀어달라는 청탁을 해왔다. 별다른 시비의 소지가 없는 사건이라 김 씨는 '이것이 5백만 원의 대가인가 보군' 생각하며 용의자를 기소유예로 석방해주었다. 그것으로 상황은 끝난 듯했다. 폭력조직은 더 이상의 요구를 하지 않았고, 그렇게 세월이 흐르고 그때의 사건은 김 씨의 뇌리에서도 지워져갔다.

그러나 몇 해 뒤, 김 씨는 난처한 상황에 빠지고 말았다. '조직 폭력 일제검거령'이 내려진 그 시기에, 난데없이 그때의 폭력조직으로부터 수사정보를 요구하는 청탁이 들어온 것이다. 이번에도 김 씨는 청탁을 거부할 수 없었다. 애초에 여자관계를 폭로하지 않는 대가로 수사정보를 요구했다면 상황은 달랐을 것이다. 하지만 이미 몇 차례의 작은 부탁을 들어준 그는 발을 뺄 수 없었다.

이런 상황은 할리우드의 범죄 영화에 흔히 등장하는 범죄조직들이 이용하는 흔한 수법 중 하나다. 약점을 빌미로 별것 아닌 부탁을 먼저 하면 넘어가지 않을 사람은 드물다. 게다가 그것을 꼬투리 삼아 점점 더 큰 요구를 해올 경우 거절하기란 좀처럼 쉽지 않다.

이 같은 방법이 마피아의 전유물만은 아니다. 세일즈맨이 소비자를 설득할 때, 외교관이 협상을 진행할 때, 짝사랑하는 연인의 마음을 얻고 싶을 때 등 사람들이 흔히 사용하는 협상술의 하나가 바로 이러한 방법이다. 이처럼, 타인의 생각이나 행동을 바꾸고자 할 때 작은 부탁을 먼저 들어주게 하고 이후에 큰 요구를 꺼내놓으면 성공률이 높아지는 테크닉을 심리학에서는 '문간에 발 들여놓기 기법Foot-in-the-door Technique'이라고 한다.

심리학자 프리드먼_{Jonathan Freedman}과 프레이저_{Scott Fraser}의
실험은 바로 이 문간에 발 들여놓기 기법의 효과를 증명해준다
(1966).

Psycho **LAB**

실험자들은 미국 캘리포니아 일대의 집들을 방문하여, 실험
에 참가한 주부(피험자)들에게 자기들은 안전운전위원회를 위해
일하고 있다고 말했다. 그들은 주부들의 도움이 필요하다고 말
한 뒤, 주 상원위원들에게 보낼 진정서에 서명해달라는 부탁을
했다. 진정서는 안전운전을 위한 입법을 상원위원들에게 촉구하
는 내용이었다. 거의 모든 피험자들이 서명에 동의했다. 2주 후
다른 실험자들이 서명 요구를 들어준 주부들과 서명 요구를 하
지 않았던 주부들을 만나 각각의 주부들에게 앞마당에 '차를 조
심해서 운전합시다'라고 쓰인 크고 볼품없는 입간판을 세워달라
고 부탁했다.

그 결과 이전의 부탁에 서명을 했던 주부들은 55% 이상이 입
간판을 세우는 데 동의했지만 작은 부탁을 들어준 경험이 없는
주부들은 17% 이하만이 동의했다. 결국 사전에 작은 요구에 동
의를 얻어낸 것이 큰 요구를 들어주는 비율을 세 배 이상이나 높
인 것이다.

사람들은 작은 요구에 동의하는 순간 거기에 담긴 주장이나 생각에 개입하게 되므로 추후의 요구에도 쉽게 동의한다. 작은 요구를 들어줌으로써 처음과는 달리 자신의 행위에 대한 태도가 바뀌기 때문이다.

이런 문간에 발 들여놓기 기법의 효과는 일상생활에서 쉽게 활용될 수 있다. 당신이 원하는 바가 있다면 그 목표는 잠시 뒤로 미루고 일단 상대방이 들어주기 쉬운 것부터 요구해보자. 기대 이상의 큰 효과를 거둘 수 있을 것이다.

과잉정당화가 일어나면 효과는 줄어든다.

심리학에서 제시하는 테크닉들은 상대적인 경우가 많다. 상황에 따라 사람에 따라 테크닉의 효과는 차이가 날 수 있다. 문간에 발 들여놓기 기법도 마찬가지다. 이 기법이 항상 효과적인 것은 아니다.

처음에 작은 요구를 하고 그 대가로 금전을 지불했을 경우에는 문간에 발 들여놓기 기법의 효과가 없었다(주커먼Marvin Zuckerman 등, 1979). 보상으로 주어진 돈이 작은 요구를 들어주는 이유가 되어 피험자들이 태도를 바꾸지 않았기 때문이다. 보수의 효과는 때로 한계가 있다. 특정의 행동에 대한 보수의 양이 지나치게 크면 과잉정당화Overjustification가 일어나 요구를 들어주는 일을 막는다. (데시Edward Deci,1971/레퍼Mark Lepper 등, 1963).

그러므로 문간에 발 들여놓기 기법을 효과적으로 사용하기 위해서는 금전적 보상이나 다른 물질적 보상을 바로 주는 방법보다는, 작은 요구를 들어주도록 하고 그러한 행동이 자신의 결정으로 이루어진 것이며 그 일이 재미있어서 자발적으로 하게 된 것이라는 생각을 하도록 이끄는 것이 중요하다.

23

큰 요구를 먼저 하면
작은 요구는 들어준다

● 면전에서 문 닫기 ●

휴가철, 엉덩이가 무거운 배우자를 움직이게 하는 간단한 비법 한 가지를 소개한다. 우선 돈이 많이 들고 시간도 많이 걸리는 해외여행을 주장해보자. "누구네는 호주로 간다는데, 우리도 외국으로 여행 가요" 그러나 배우자는 하와이는커녕 휴가조차 갈 생각이 없는 모양새다. 그럴 때 슬쩍 "그러면 가까운 계곡으로라도 며칠 가는 건 어때요"라고 양보하면 어떨까. 그 정도 요구는 해외여행을 못 가는 미안함도 있고 하니 흔쾌히 받아들일 것이다. 그러면 당신이 원하는 휴가는 자연스레 이루어진 것이다.

이런 테크닉을 협상에서 가장 잘 활용하는 이들이 러시아상 인들이라고 한다. 예컨대 상대 업자가 100원짜리 상품을 들고 찾아갔다고 하자. 그럼 러시아인들은 "50원에 사겠다"고 초장에 으름장을 놓는다. 이쪽에서 어처구니없어하다가 할 수 없이 "서 로 양보해 75원으로 하죠"라고 제안하면, 역시 펄펄 뛰다가 슬 며시, "그럼 거기서 반반씩 양보하자"고 역제안을 한다는 것이 다. 그 수법에 말려들어 100원짜리 물건을 62원 50전에 넘기고 눈물을 삼키는 무역업자가 많다고 한다.

사람들에게 자신의 요구를 관철시키기 위한 방법은 여러 가 지다. 우리는 이미 앞에서 문간에 발 들여놓기 기법에 대해 알 아보았다. 그러나 사람들은 때로 그 반대의 경우에 상대방의 요 구를 잘 들어준다. 처음에 무리한 요구를 한 다음 너그럽게 양보 하는 듯이 작은 요구를 하면 상대방이 작은 요구를 들어줄 확률 이 높아지는 것이다. 이러한 원리를 이용한 설득 테크닉을 '면전 에서 문 닫기 기법Door-in-the-Face Technique'이라고 한다. 치알디니 Robert Cialdini와 그의 동료들이 했던 실험을 만나보자.(1975)

Psycho **LAB**

실험자는 피험자에게 어떤 좋은 일을 하는 데 시간을 내달라 는 요구를 하기로 했다. A집단에게는 처음에 긴 시간을 요구하

다가 나중에 그보다 훨씬 짧은 시간을 요구했다. B집단에게는 처음부터 짧은 시간만을 요구했다. 그리고 C집단에게는 긴 시간이나 짧은 시간 중에 선택해서 응하도록 했다. 이 실험은 각 집단이 짧은 시간 요구를 얼마나 잘 들어주는지가 포인트였다.

실험 결과 A집단은 50%, B집단은 16.7%, C집단은 25%가 요구에 응했다. 결국 처음에 큰 요구를 받다가 나중에 작은 요구를 받은 A집단이 다른 집단들보다 요구를 두 배 이상이나 더 많이 들어주었다.

이러한 면전에서 문 닫기 기법은 세일즈맨의 영업이나 노사 협상 장면에서 자주 활용된다. 가령, 세일즈맨의 경우 처음에 상대방이 예상하는 가격보다 높은 가격을 제시하고 흥정을 통해 가격을 낮춰주면 소비자들의 구매행동을 쉽게 자극할 수 있다.

면전에서 문 닫기 기법에서 한 가지 염두에 둬야 할 점이 있다. 그것은 상대방의 예상보다 지나치게 높은 수치를 제시해서는 안 된다는 것이다. 이를테면, 소비자는 이미 사전 정보를 가지고 있어 사려는 옷의 가격을 대략 10만 원 정도로 예상하고 있다. 이때 면전에서 문 닫기 기법을 배운 판매원이 처음에 20만 원의 가격을 제시하고 흥정에 따라 15만 원으로 깍아주겠다고 한다면 그 소비자가 옷을 살 확률이 높아질 것인가? 그렇지는 않다. 결국 면전에서 문 닫기 기법의 효과를 높이기 위해서는 상대방의 의중을 파악해서 그보다 조금 높은 수치(가격, 임금 등)

을 제시하는 방법이 효과적임을 시사해준다.

면전에서 문 닫기 기법이나 문간에 발 들여놓기 기법은 상반되는 듯하면서도 모든 협상의 기본이 되는 심리 테크닉이다. 무한경쟁 시대를 살아가는 비즈니스맨은 물론, 끊임없이 누군가와 협상하며 살아가는 모든 분들에게 꼭 필요한 '실용 심리학'이라고나 할까.

문간에 발 들여놓기와 면전에서 문 닫기 기법의 차이

두 기법은 정반대의 전술이지만 모두 상대방을 설득하는 데 효과적인 것만은 분명하다. 그러나 분명한 차이도 있다.

특히, 두 기법의 효과는 큰 요구와 작은 요구 사이의 관련 정도에 따라 달라진다. 문간에 발 들여놓기 기법은 작은 요구와 큰 요구 간의 연관성이 적든 크든 설득 효과에 큰 차이가 없다. 문간에 발 들여놓기 기법은 작은 요구와 큰 요구 간에 관련성이 적어도 효과적이다. 반면, 면전에서 문 닫기 기법은 두 요구간의 관련성이 높아야 효과가 나타났다. 이러한 사실은 면전에서 문 닫기 기법의 활용 범위가 더 좁다는 것을 보여준다.

조건	문간에 발 들여놓기 기법	면전에서 문 닫기 기법
제시순서	작은 요구 → 큰 요구	큰 요구 → 작은 요구
요구 관련성	두 요구 관련성이 적어도 가능	두 요구 관련성이 높아야 가능
적용범위	상대적으로 넓음	상대적으로 좁음

1. 기부금 모금과 면전에서 문 닫기 기법

면전에서 문 닫기 기법은 기부금을 거두는 데 효과적이다. 처음에 어느 자선단체가 어떤 사람에게 기부금을 100만 원 요구하다가 나중에 5만 원만 내라고 한다면 그 사람은 5만 원 정도는 작은 돈이라고 생각하게 되어 선뜻 기부금을 낼 것이다.

2. '문화'를 알면 협상이 즐겁다

사람들이 타인에게 미치는 영향은 사업, 결혼, 친구 관계, 상거래 등 다양한 장면에서 이루어진다. 사람들은 인종, 국가, 문화를 막론하고 유사한 행동 패턴과 정서들을 가지고 있다. 그러나 문화에 따라 나타나는 행동 패턴과 정서의 미묘한 차이는 글로벌 경쟁 시대의 경제인들이 파악해야 할 중요한 요소들이다. 특히 거래 상대방의 언어와 문화를 알아둔다면 상대방에 미치는 호감과 영향력은 훨씬 커질 것이다.

독일의 라르스 빈트호르스트라는 16세의 나이에 21개의 계열사를 거느리는 그룹의 총수 자리에 올라 세계를 놀라게 했다. 그는 14세에 오백 달러로 사업을 시작해 평소 관심을 가졌던 컴퓨터 부품업에 뛰어들었다. 아시아 신흥 시장에 직접 주문하는 방식으로, 독일보다 훨씬 싼 값에 부품을 사들이고 되팔아 큰 이익을 남겼다. 또한 홍콩, 베트남, 중국 등에 진출해 금융, 컨설

팅, 광고분야까지 사업을 확장하고 '꼬마 보스'로 통하기도 했다. 그의 성공적인 사업비결은 세 가지이다.

"아시아를 중시하고, 현지에서는 현지어로 사업하며, 중국에서는 특히 개인적 친분을 중시할 것"

이는 곧 자기의 거래 대상을 소중히 하고, 거래 대상국의 언어를 알고, 문화를 파악하라는 말이다. 꼬마 보스의 그러한 사업비결은 상대방을 설득하는 강력한 무기가 되었던 것이다.

24
심리적인 예방주사도
필요하다
● 면역 효과 ●

한국전쟁 당시 유엔군들은 한국을 위해 많은 희생을 치렀다. 그들 중 일부는 중공군의 포로가 되어 많은 고생을 했다. 유엔군 포로들은 중공군에 의해 세뇌 교육을 받았다. 그 후 세뇌를 받은 미국인 포로들은 미국 정부를 비난하는 대중 연설을 했고, 몇몇 은 전쟁이 끝나 자기가 있을 곳을 자유롭게 선택하게 되었을 때 에도 미국으로 돌아가기보다는 중국에 남아 있겠다고 했다. 중 공군들에 의해 세뇌되어 자유민주주의보다 공산주의가 더 좋다 고 생각했기 때문이다. 그런 소식을 전해들은 미국 국민들은 깜 짝 놀랐다. 하지만 그것은 현실이었다. 왜 이런 현상이 발생했을까?

　해외지사로 파견 근무를 나가는 직장인들은 자기가 파견될 나라의 문화와 언어와 풍토를 공부하는 것 이외에도 그 나라의 고유한 문화적 특성과 정치적 상황에 대해서도 공부한다. 그뿐 아니라 분쟁이 있는 곳에 파견되는 직원들에겐 포로가 된 상황을 가정하는 훈련을 시키기도 한다.

　중공군의 포로가 된 미국 병사들은 한국 전쟁에 참가하기 전까지만 해도 공산주의나 마르크스주의에 대해 경험해보기는커녕 알지도 못했다. 그런 상태에서 중공군들은 미군 병사들에게 세뇌를 시켰다. 공산주의와 마르크스주의를 주입시키고, 공산주의의 장점을 일일이 설명해주었다. 공산주의에 대해 부정적이거나 나쁘게 말하는 포로들과는 절대로 대화하지도 않았다. 그러면서 공산주의에 대해 긍정적으로 표현할 때만 대화를 했다.

　더구나 미군 병사들은 미국에 있을 때는 민주주의의 단점에 대해서는 생각해본 적도 없었는데 중공군들이 민주주의와 자본주의의 문제점을 들춰내며 공산주의를 찬양하자 점차 중공군들의 이야기에 현혹되었고, 끝내 미국으로 돌아가지 않겠다는 병사들까지 나오게 된 것이다.

　맥과이어William McGuire는 이런 현상을 설명하기 위해 면역 모델을 제안했다. 그는 메시지를 전달받는 수신자의 과거 경험이 설득에 중요한 역할을 한다는 사실을 알았다. 그래서 맥과이어와 그의 동료들은 설득당하지 않으려면 미리 약한 설득 메시지를 경험하도록 해야 한다고 주장했다. 다시 말해 미리 면역 기능을 길러주어야 한다는 것이다. 그렇게 하면 강한 설득 메시지에 노출되더라도 쉽게 설득되지 않는다. 이처럼 미리 경험을 함으로써 설득에 저항하는 현상을 '면역 효과 Inoculation Effect'라고 한다. 강한 바이러스가 신체에 치명적인 손상을 주듯이 강한 설득 메시지는 태도에 더 많은 변화를 일으킨다. 예를들어, 예방주사를 맞은 사람은 몸 안에 항체를 형성해 이후에 더 강한 바이러스가 침투해도 저항한다. 마찬가지로 사전에 약한 메시지를 받으며 메시지에 면역성을 키운 사람이 강한 설득 메시지에도 잘 저항한다.

Psycho **LAB**

면역 효과를 좀 더 구체적으로 뒷받침해주는 실험이 있다. 실험자들은 집단을 세 가지 조건을 기반으로 나누었다. 첫 번째 집단은 기존에 피험자들이 가지고 있던 입장에 대해 지지를 받았고(지원방어 조건), 두 번째 집단은 그들의 입장을 약하게 공격받고 그 공격을 반박했다(면역방어 조건). 그리고 세 번째 집단은 아무런 조치도 받지 않았다(통제 조건). 그 후 모든 집단의 피험자들은 그들이 처음에 가지고 있던 입장에 대해서 강한 공격을 받았다. 그런 다음 피험자들의 태도 변화량을 측정했다.

그 결과 면역방어 조건이 설득에 가장 잘 저항했다. 비록 지원방어 조건이 설득에 약간 저항하긴 했지만 면역방어 조건에는 훨씬 못 미쳤다. 결국 면역을 받은 사람들은 그렇지 않은 사람들보다 설득에 훨씬 강하게 저항했다(맥과이어, 1961).

면역 효과는 사람들이 약한 공격을 반박하면서 어떻게 저항해야 하는지 효율적으로 학습하기 때문에 나타난다. 자신의 태도를 공격하는 약한 설득 메시지에 저항하기 위해 사람들은 나름대로 반박 근거를 만들고 설득 메시지의 근거와 설득자의 전문성을 반박한다. 그 결과 자기 입장은 더욱 강화되고, 이후에 맞닥뜨리는 강한 설득 메시지에도 효과적으로 저항하게 된다.

그러면 다른 사람의 설득에 쉽게 넘어가는 사람은 누구일까? 설득에 잘 넘어가는 어떤 개인적인 특성이 있을까? 여기에는 어떤 관계가 있을까?

첫째, 공격적인 사람들은 처벌적 커뮤니케이션에 많은 영향을 받지만 공격적이지 않은 사람들은 관대한 커뮤니케이션에 큰 영향을 받는다. 둘째, 어떤 조건에서 설득에 잘 넘어가는 사람들은 그렇지 않은 사람들보다 다른 상황에서도 설득에 잘 넘어가는 경향이 있다. 셋째, 자존감이 낮은 사람들은 자존감이 높은 사람들보다 설득에 잘 넘어간다. 자존감이 낮은 사람들은 자신이 하는 일이나 자기의 태도에 낮은 가치를 부여하고 있기 때문에 자신의 태도를 변화시키는 것을 부담스럽게 생각하지 않는다고 한다. 그래서 조금의 위협만 받아도 자신의 태도를 변화시키기가 쉽다. 넷째, 지적수준이 높은 사람들은 비판적으로 정보를 받아들이기 때문에 설득에 잘 넘어가기도 하고 그 반대이기도 하다. 지적수준이 높은 사람들은 논리적이고 일관성 있는 주장에는 설득이 잘되지만, 지적수준이 낮은 사람들은 오히려 복잡하지 않고 난해하지 않은 주장에 설득이 잘된다. 다시 말해 메시지의 종류에 따라 지적수준이 미치는 영향 또한 달라진다.

25

나 지금부터 광고한다

● 사전경고와 설득 효과 ●

　'설득'은 사회생활을 하는 거의 모든 사람에게 꼭 필요한 기술이다. 교사는 학생을 설득하고, 세일즈맨은 고객을 설득하고, 광고제작자는 소비자를 설득한다. 하지만 효과적인 설득 기법은 아직도 많이 알려지지 않았다.

　설득 과정에서는 의사전달자, 수신자, 메시지의 성격 등 다양한 요소들이 영향을 미치지만, 어떤 상황에서 메시지가 전달되느냐와 같은 상황 요소도 상당히 중요하다. 어떤 메시지를 받을 것인지를 미리 알고 있는 상황과 모르고 있는 상황이 다르고, 주의를 집중해서 받아들이느냐 그렇지 않으냐에 따라서도 설득 효과는 달라진다. 또한 자기와 얼마나 밀접하게 관련된 주제인지에 따라서도 달라진다.

가령 '10대 청소년들은 이성 교제를 해서는 안 된다'는 주제의 강의를 할 때, 사전에 강의 내용을 알려주었을 경우와 그렇지 않았을 경우가 다르고, 청중이 10대 청소년일 경우와 40대 성인일 경우도 다르다.

이러한 상황 요소들 가운데, 커뮤니케이션의 내용을 미리 알고 있을 경우와 그렇지 않을 경우의 설득효과는 얼마나 다를까? 예컨대, '지금부터 광고를 시작하겠습니다'라는 신호를 주고 광고를 하는 것, 오늘의 강의 주제는 '커뮤니케이션의 효과'라는 이야기를 하고 강의를 하는 것, 세일즈맨이 어떤 물건을 팔기 위해 왔다고 미리 이야기하는 것은 그렇지 않은 경우에 비해 더 설득 효과가 더 클 것인가? 또, 그 주제가 듣는 이와 밀접하게 관련된 것일 때는 그렇지 않은 경우에 비해 과연 더 설득 효과가 더 있을 것인가? 이런 질문들에 답하기 위해, 앱슬러_{Robbert Apsler}와 시어즈_{David Sears}가 한 일련의 실험을 살펴보기로 하자.

Psycho **LAB**

실험자들은 대학생 피험자들에게 다음과 같은 정보를 주었다. 대개 상급학년으로 올라갈수록 교수가 전공과목을 담당한

다. 그러나 전공과목 강의를 교수 대신 조교가 담당하는 것으로 바꾸는 게 바람직하다는 설득 메시지를 만들어, 한 집단에는 미리 알려주었고(사전 경고 집단), 다른 집단에는 미리 알려주지 않았다(사전 무경고 집단).

이들 두 집단의 피험자들에게는 또한, 그 제도를 학생 자신이 졸업하기 이전부터 당장 시행할 것이라는 정보를 준 집단(고관여 조건)과 몇 년 뒤에 실시하므로 학생 자신들과는 아무런 관련이 없다는 정보를 준 집단(저관여 조건)으로 구분했다.

그 결과 자신의 문제와 얼마나 관련되어 있느냐에 따라 사전 경고의 효과가 달라졌다. 즉 자기와 관련이 높은 주제(고관여 조건)일 경우 사전경고는 태도변화를 방해했고, 자기와 관련이 낮은 주제(저관여 조건)일 경우 사전경고는 태도변화를 촉진시켰다.

집단조건	평균 태도변화	
	고관여	저관여
사전경고	1.5	2.4
사전경고 없음	1.8	0.7
경고효과	−0.3	1.7

〈사전경고와 관여수준에 따른 태도변화량〉 *수치가 높을수록 태도변화의 양이 많은 것임

이 실험은, 설득이 효과적이기 위해서는 설득의 주제가 무엇이냐도 중요하지만 어떤 상황에서 그 주제를 제시할 것인지도 중요하다는 점을 보여준다. 가령 전격적으로 발표된 금융실명제나 부동산 실명제의 경우와 같이 사람들의 민감하게 반응하고

모든 사람들과 밀접하게 관련되어 있는 경우에는 사전 경고 없는 설득이 효과적이다. 그러나 도서정가제나 의학전문대학원 제도와 같이 민생과 직결되지 않고, 모든 사람과 밀접하게 관련되어 있지 않은 경우에는 사전에 알려준 다음 설득하는 것이 더 효과적이다.

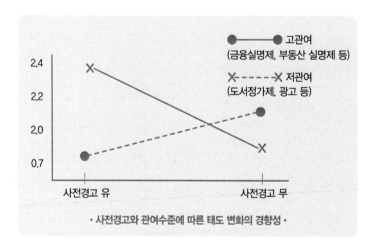

· 사전경고와 관여수준에 따른 태도 변화의 경향성 ·

TV광고의 경우 인터넷, 유튜브, 스마트폰 등 다른 미디어 광고의 등장으로 사회적 영향력이 감소할까 우려했으나 여전히 그 영향력을 무시할 수 없다. 특히 영상에 익숙한 세대를 대상으로 보면 밀접하게 관련된 주제라 볼 수도 있다. 그러므로 TV광고에서 이제부터 광고를 하겠습니다라고 미리 고지하는 광고가 더 효과적인가 아닌가는 어떤 이를 대상으로 하는 가에 달린 문제일 수 있다. 광고업계에서 일하는 독자라면 깊은 연구가 필요한 과제일 것이다.

26

무의식이
나를 조종한다

● 스트루프 효과 ●

잘생긴 '훈남'인 원정일 씨는 여직원들에게 인기가 없다. 키도 크고 능력도 있는데 왜 그리 인기가 없을까. 그것은 원정일 씨가 말을 함부로 하기 때문이다. 그렇다고 상소리를 하는 것은 아니다. 다만 자기가 느낀 그대로를 거침없이 얘기할 뿐이다. 예쁜 여직원을 보면 예쁘다고 그러고, 못생긴 여직원을 보면 얼굴보다는 마음가짐에 신경을 써야 될 것 같다고 말할 뿐이다. 그래서 원정일 씨는 인기 좀 만회해보려고 요즘에는 못생긴 여자들에게도 예쁘다고 말해주려 하고 "오늘따라 아름다워 보인다"고 말하려고 노력한다. 하지만 그런 말이 쉽게 나오지 않는다. 그러다

보면 여직원은 이미 저만치 가버린다. 왜 그런 말이 맘처럼 쉽게 나오지 않는 걸까.

사람들의 정신에서 의식이 차지하는 비중은 얼마나 될까. 프로이트는 의식은 빙산의 일각에 불과하다고 보았다. 정신세계의 대부분이 무의식이라는 얘기다. 그렇다면 정보처리 과정에서 무의식의 역할은 무엇을까?

사람들은 크게 두 종류의 주의Attention를 가지고 있다. 하나는 의식적 주의다. 의식적 주의는 능동적이고 의도적으로 일어난다. 다른 하나는 자동적 주의다. 자동적 주의는 의식적 안내 없이 무의식적으로 일어난다.

운전하는 사람들은 앞 차와의 간격을 유지하면서 신호등을 보고, 얌체 같이 끼어들기 하는 사람들을 신경 쓰면서 중앙선을 넘지 않기 위해 주의하고, 옆 사람과 잡담을 하면서 운전을 능숙하게 해낸다. 어떻게 그 많은 정보들을 한꺼번에 처리하는지 정말 신기할 정도다. 그런 모든 과정들이 의식적으로 처리된다면 우리의 뇌는 어떻게 될까. 아마 과부하에 걸려 금방 지쳐버릴 것이다. 운전하는 사람들은 전방에서 벌어지는 일에는 의식적으로 주의를 기울이지만, 다른 것들은 자동적 주의를 기울이기 때문에 한 번에 여러 가지 일을 할 수 있는 것이다.

어떤 행동이든지 많이 훈련하면 그 행동은 무의식적으로 나타난다. 길을 걸을 때, 달릴 때, 계단을 오르내릴 때 우리는 의식적으로 계산하지 않더라도 얼마 정도의 보폭으로 어느 정도의 강도로 발을 디뎌야 할지를 안다. 대개 그런 과정들은 무의식적으로 일어나는데 그런 과정에서 작용하는 주의가 자동적 주의다. 자동적 주의는 사람들이 정보를 처리할 때 적은 자원과 적은 노력으로도 상황 변화에 민감하게 대처할 수 있도록 해준다. 결국 정보처리 과정에서도 무의식은 대단히 중요한 역할을 담당하고 있는 것이다.

그러고 보면 원정일 씨도 못생긴 여자를 보고 의식적으로는 '예쁘다'고 말해주고 싶었지만 무의식적으로 이미 '못생겼다'는 정보처리가 일어났기 때문에 쉽게 말이 나오지 않았던 것이다. 그런 현상이 일어나는 원리를 좀 더 구체적으로 알아보자.

Psycho **LAB**

실험자는 피험자들에게 제시되는 나무토막의 색깔 이름을 대라고 요구했다. 한 조건에서는 색칠한 나무토막의 이름을 대는 것이고, 다른 조건에서는 나무토막 위에 쓰인 글자의 색깔을 말하는 것이었다. 그런데 나무토막에 쓰인 글자의 색깔 이름을 대는 조건에서는 글자와 다른 색을 제시했다. 가령, '초록'이라는 단어가 노란색으로 쓰여 있기도 했고, '노랑'이라는 단어가 빨간색으로 쓰여 있기도 했다. 제시되는 자극의 이름과 쓰인 글자의 색이 불일치되도록 한 것이다.

그렇게 두 조건으로 나눈 뒤 나무토막에 제시되는 색깔 이름을 대라고 요구하고 그 반응 시간을 쟀다. 그 결과 두 번째 조건의 반응 시간이 두 배 이상 걸리는 것으로 나타났다. 단어를 읽으라고 요구하지도 않았고, 피험자들도 그 글자를 읽으려고 하지도 않았는데도 자동적 주의가 의식적 주의에 영향을 미친 것이다(스트루프John Stroop, 1935).

제시되는 나무토막의 색깔이 무엇인지 물었지만 사람들은 무의식적, 자동적으로 쓰여 있는 글자의 정보를 처리했다. 다시 말해 색깔 이름을 대려는 의식적 주의뿐만 아니라 쓰여 있는 글자를 무의식적으로 읽는 자동적 주의가 동시에 일어난 것이다. 이처럼 무의식적인 자동적 주의 때문에 정보를 처리하는 데 더 많은 시간과 노력이 드는 현상을 '스트루프 효과Stroop Effect'라고 한다. 원정일 씨가 못생긴 여자를 예쁘다고 하는 데 시간이 오래 걸린 것은 바로 스트루프 효과 때문이다.

사람들은 자동적 주의를 일상적으로 사용하고 있다. 가령, 달려오는 차를 자동적으로 피하고, 다른 생각을 하면서도 등산을 하고, 시끄러운 클럽에서도 자기의 이름을 부르면 귀가 솔깃해지는 것은 사람들이 일상적으로 자동적 주의를 사용하고 있기 때문이다.

사람들은 정보처리 능력상 모든 자극을 의식적으로 처리할 수 없다. 그렇기 때문에 자동적 주의가 무의식적으로 자극을 탐지하고 그것에 대처하도록 의식적 주의를 도와주어야 한다. 마치 조연이 소리 없이 주연을 도와 연극과 영화를 빛나게 하듯이 자동적 주의는 의식적 주의와 함께 우리의 세상 보기를 좀 더 완벽하게 해주는 역할을 한다.

27

이번 카드는 틀림없이
스페이드A일 거야

● 공정세상관 실험 ●

　모처럼 큰맘 먹고 야구장에 가면 응원하는 팀이 진다. 그러나 직접 야구장에 가지 않고 있다가 저녁에 스포츠 뉴스를 보면 응원하는 팀이 이긴다. 마치 내가 경기장에 가고 안 가고에 따라 팀의 승패가 결정 나는 것만 같다. 그런가 하면 내가 산 복권은 이번에는 꼭 당첨될 것 같고, 내가 선택한 경주마는 이번에는 꼭 우승할 것 같다.

　이런 심리는 카드 게임을 할 때나 화투를 칠 때도 나타난다. 일단 배팅하고 나면 다음에 나올 패가 자신이 원하는 것일 확률이 더 높은 것만 같다. 그래서 한 눈을 지그시 감고 천천히 패를

펴보는 모습을 보고 있노라면 가소롭기 그지없다.

이렇듯 사람들은 나름대로 세상에 대한 통제력을 가지고 있는 것처럼 믿지만 실제로는 착각인 경우가 대부분이다. 사람들은 어떤 현상들에 대해 자신의 통제력을 과대평가하고 우연이나 통제 불가능한 요인들을 과소평가한다. 이러한 현상을 랭거Ellen Lenger는 '통제력의 착각Illusion of Controllability'이라고 불렀다(1975).

통제력의 착각은 사람들이 자기의 인생과 세상을 실제 이상으로 통제할 수 있다고 믿는 귀인 오류의 일종이다. 착각이라는 표현은, 이러한 현상이 어느 정도 사실에 근거해서 발생하기 때문에 붙여진 것이다.

이런 현상은 다양한 상황에서 발생한다. 주사위 게임을 할 때도, 주사위를 던진 후보다는 던지기 전에 더 많은 돈을 건다. 던지기 전에는 왠지 원하는 숫자가 나올 것만 같기 때문이다. 이 같은 통제력의 착각은 사람들이 실제보다도 자신의 운명을 더 많이 통제할 수 있다고 믿기 때문에 나타난다. 그래서 재난 때문에 불가피하게 피해를 당한 경우에도 오히려 피해자들을 탓한다. 어떤 여인이 한여름 밤에 짧은 미니스커트를 입고 가다가 강간을 당했을 경우, 통제력의 착각을 믿는 사람들은 밤늦게 그런 옷차림으로 다녔기 때문이라고 생각한다. 심지어 지진이나 홍수로 피해를 입어도 사전에 제대로 대비하지 않았기 때문이라고 생각한다.

이렇듯 사람들은 자신의 운명을 통제할 수 있다고 생각하고,

세상사 모든 일은 뿌린 대로 거두는 것이라고 믿는다. 사람들의 이런 믿음을 러너Melvin Lerner는 '공정세상관Just World Belief'이라 부르고 있다. 다음은 러너가 했던 공정세상관에 대한 실험이다 (1966).

한 부류의 피험자들은 전기충격을 받는 자리에 앉아서 어떤 과제에 대답하는 일을 맡았다. 다른 부류의 피험자들은 전기충격을 받는 자리에 앉은 피험자들이 과제를 틀릴 때마다 그들에게 전기충격을 주었다. 실험이 끝난 후 전기충격을 준 피험자들이 전기충격을 받은 피험자들을 평가했다. 그 결과 전기충격을 준 피험자들은 전기충격을 받은 사람들을 나쁘게 평가했고 그들은 당연히 전기충격을 받아야 한다고 생각했다. 심지어는 전기충격을 받은 피해자들이 자신의 불운에 대해 도덕적인 책임을 져야 한다고 생각하기도 했다.

사람들은 마음속에 많든 적든, 악한 사람은 처벌받고 선한 사람은 보상받으며, 노력한 만큼 얻을 수 있다는 공정세상관을 가지고 있다. 이런 믿음은 사회 질서를 유지하기 위해서 반드시 필요하고, 자신의 발전을 위해서도 바람직하다.

144 • 속을 털어놓으면 정말 너와 친해질까

그러나 타인의 불행조차 피해 당사자의 책임으로 돌림으로써 자신이 져야 할 책임을 모면하려는 경우에는 문제의 소지가 있다. 다른 도시에서 도시가스가 폭발하고 백화점이 무너져도 그 모든 일을 피해 당사자들의 탓, 거기에 있었던 사람들의 탓으로 돌림으로써 자신이 부담해야 할 봉사와 도움의 책임을 모면하려고 하는 태도가 생길 수 있기 때문이다.

　　이처럼 남의 불행조차 그 사람들 자신의 탓으로 돌리는 통제력의 착각은 세상을 몰인정하고 각박한 곳으로 만든다. 아무리 착각은 자유라지만 때로 그 자유를 아껴 다른 사람들의 불행을 나의 아픔으로 여기고 도와주는 것이야말로 진정한 통제력을 발휘하는 것이 아닐는지…….

통제력의 착각과 적응

내가 운전하는 차를 통제하지 못하면 위험하듯이 사람이 자신의 삶을 통제하지 못한다면 그 또한 위험한 일이다. 통제력의 착각은 일종의 적응 시스템이다. 하는 일마다 안 된다고 생각하고 통제력을 상실하게 된다면 그 사람은 자포자기에 빠져 우울증에 걸리기 쉽다.

비록 자기중심적인 세상 보기를 만들어내는 부정적인 원인이 되기도 하지만, 통제력의 착각에는 긍정적인 면도 적지 않다. 가령 암에 걸린 환자가 자신의 병을 치유할 수 있을 것이라고 믿는 것과 그렇지 않은 경우의 치료 효과는 현격히 다르다. 시험이나 승진에 떨어진 사람이 다음번에는 꼭 할 수 있을 것이라고 믿고 노력하는 경우도 마찬가지다.

하지만 통제력의 착각이 지나치면 정신건강을 해칠 수도 있다. 가령 대형사고가 일어나면 내가 머리를 깎았기 때문이고, 올림픽에서 우리나라 국가대표 선수가 금메달을 따지 못한 게 내가 TV를 보았기 때문이라고 믿는다면 그것이야말로 착각이다.

통제력의 착각은 자신과 관련된 일에 힘을 더해주기도 하지만, 무관한 일에까지 범위가 넓어지면 오히려 정신건강에 해롭다는 것을 기억해두자.

28

족집게 점술가의
비밀

• 바넘 효과 •

한은혜 씨는 28세의 직장 여성이다. 그녀는 결혼을 앞두고 결혼할 남자와 궁합이 어떤지를 알아보기 위해 역술가를 찾아갔다. 자신은 몇 년 몇 월 며칠 몇 시에 태어났고, 남자는 언제 태어났는데 둘이 결혼하면 어떻겠느냐고 물었더니 어쩌고저쩌고 말을 늘어놓으며 궁합이 아주 안 좋단다. 고민하던 끝에 한은혜 씨는 이번에는 점을 보러갔다. 가자마자 점술가는 남자 때문에 고민하는 것, 결혼을 앞두고 갈팡질팡한다는 것, 그 남자와 궁합이 안 맞아 결혼해야 할지 망설인다는 것까지 모두 맞혔다. '아니, 이럴 수가.'

"그 남자와 꼭 결혼하고 싶냐?"

"예, 우리는 무척 사랑하거든요."

"그러면 방법이 없는 건 아냐."

"어떻게 해야 하나요?"

"이 부적을 결혼하고 나서 남편 베개 속에 넣어둬. 그러면 궁합 걱정은 안 해도 돼."

그 부적을 사들고 나온 한은혜 씨는 그제야 안도의 한숨을 내쉬었다.

사람들은 자신이 어떤 운명으로 태어났고, 앞으로의 운명이 어떨 것인지 관심이 많다. 그래서 사주팔자를 보고, 토정비결을 보고, 점을 보고, 별자리를 이용한 점성술에 빠져든다. 그런 현상은 사회가 불안하고, 사람들이 스트레스를 많이 받을수록 증가한다.

최근 몇 년 동안 우리나라에 크고 작은 사건과 사고가 많이 터지니까 점술가들이 쓴 책들이 베스트셀러 대열에 오르고, 유명한 점술가들의 집 앞은 언제나 문전성시를 이룬다. 유명한 정·재계 인사들조차 점집에 찾아가 역술인의 말에 의지한다.

점은 역학, 점성학, 관상학과 다르긴 하지만 사람들이 그런 것들을 받아들이는 심리는 대개 비슷하다. 많은 사람들이 반신반의하면서도 점치길 좋아하는 것은 점이 많은 사람들의 고개를 끄덕거리게 만들기 때문이다. 그렇다면 무엇이 사람들의 고개를 끄덕거리게 하는가. 그것은 점괘가 너무 일반적이어서 귀에 걸면 귀걸이, 코에 걸면 코걸이같이 누구에게나 해당될 수 있는 얘기이기 때문이다.

사람들은 점술가들이 일반적으로 말하는 것을 자신에게만 독특한 것인 양 받아들인다. 그런 현상을 알아보기 위해 포러 Bertram Forer는 대학생들을 대상으로 실험을 했다(1949).

Psycho **LAB**

실험자는 대학생들에게 성격 검사를 실시했다. 며칠 후 각 대학생들에게 봉투에 밀봉한 성격 검사 결과를 주었다. 그리고 그 성격 검사가 '자신의 성격을 얼마나 잘 파악했는지'를 평가하도록 했다. 피험자들은 모르지만 사실 성격 검사 결과는 모두 같은 것이었다. 그 결과 대부분의 학생은 그 성격 검사가 자신의 성격을 잘 파악했고, 아주 정확하다고 보고했다.

그도 그럴 것이 점술가들이 하는 것처럼 결과 해석을 아주 일반적으로 해주었기 때문이다. 예를 들어보자.

당신은 긴장하면 가끔 자신이 없어질 때가 있다.

당신은 부모님께 애정을 품고 있지만 이따금 부모님과 의견이 맞지 않을 때가 있다.

당신은 솔직히 성적인 문제로 고민한 적이 있다.

당신은 자신에게 어느 정도 비판적인 경향이 있다.

당신은 때로는 외향적이고 붙임성도 있고 사교적이지만, 사실 알고 보면 내성적이고 세심한 면도 많다.

당신은 노력하면 성공할 운이다.

사람들이라면 누구나 해당될 만한 해석을 해주니 틀릴 리가 없다. 점괘는 매우 일반적이다. 그래서 점술가들이 하는 얘기는 다 맞는 것 같다. 12개의 별자리, 십이간지, 그리고 토정비결, 역학의 해석들은 일반적인 특성을 기술한다. 그렇기 때문에 많은 사람들은 점괘가 마치 자신을 잘 나타내는 것처럼 받아들이고, 그런 점괘가 정확하다는 착각을 한다. 이렇듯 어떤 일반적인 점괘가 마치 자신을 묘사하는 것이라고 받아들이는 현상을 '바넘 효과Barnum Effect'라고 한다.

바넘은 유명한 서커스 흥행주였다. 그는 "대중들은 매 순간마다 바보가 된다"라는 말을 자주 했다. 사람들은 눈속임 마술에 속고, 서커스에 흠뻑 빠져드는 경향이 있는데 점이나 점괘에 빠져드는 심리도 그와 마찬가지다. 그래서 그의 이름을 따 일반적인 이야기를 자기에게만 특수한 것으로 받아들이는 현상을 바넘 효과라고 부른다.

대개 점술가들은 쌀을 가지고, 새를 가지고, 산통을 흔들며 점을 친다. 그런 절차가 신비롭고, 그렇게 나온 점괘가 누구에게나 해당하는 보편적인 점괘이니만큼 틀릴 리도 없다. 그렇게 보편적인 해석을 받아들이면 사람들은 그 다음에 하는 점술가의 말을 모두 받아들이고, 이후 닥쳐올 자신의 운수조차 그 점술가에게 맡기는 어리석음을 범한다.

그러고 보면 점괘를 받아들이는 심리에도 일종의 문간에 발들여 놓기 기법이 적용되고 있다.

운수란 숙명론적으로 이미 정해져 있어 사람의 힘으로는 어떻게 할 수 없는, 사람의 몸에 돌아오는 길흉과 화복을 말한다. 그 운수를 결정론적으로 받아들여 자신의 삶을 그것에 짜맞추며 살 것인지, 아니면 자신의 삶의 변화 가능성을 인정하고 자신의 삶을 자발적으로 창조해나갈 것인지는 각자의 의지와 능력에 달려 있다. 무력하고 불안한 사람들은 늘 점술가와 사주팔자에 얽매여 자신의 삶을 그것에 맞추려 할 것이고, 자신감 있고 능력 있는 사람들은 자신의 삶을 주체적으로 창조해나갈 것이다. 세상이 불안하고 어지러울수록 그런 운수와 점괘에 의지하기보다는 통찰과 혜안을 기르려는 노력을 기울여야 할 것이다.

29

약속은 공개될수록 지켜진다

● 떠벌림 효과 ●

임길수 씨는 한 해가 시작되면 한두 가지 계획을 세워 실천한다. 올해에는 금연을 결심했다. 나름대로 방법을 생각해보니 일단 주위에 담배를 끊었다고 공표하는 게 좋을 것 같았다. 그래서 신년 모임에서 만난 주위 사람들에게 담배를 끊었다고 알렸다. 그리고 친한 친구에게 "만약 내가 담배를 피우면 너에게 20만 원을 주겠다"고 했다. 그렇게 여러 가지 방법을 동원해 담배를 끊으려 했지만 임길수 씨는 결국 금연에 실패하고 말았다. 게다가 그는 친구에게 20만 원도 주지 않았다. 그저 작심삼일을 실천했을 뿐이다.

임길수 씨처럼 한 해가 시작되면 많은 사람들이 이런저런 계획을 세우지만 제대로 실천하기는 쉽지 않다.

신년 계획 중에 빼놓을 수 없는 게 금연이다. 우리나라 사람들 중 만 19세 이상 남자는 39.3%, 여자는 5.5%가 담배를 피운다. 최근 흡연율이 감소했지만 주요 선진국과 비교했을 때 여전히 높은 수준이다.

사실 담배가 주는 여러 가지 이점도 많다. 개인적으로는 각성 수준을 높여주고, 기억력을 촉진해준다. 그리고 스트레스에 효과적이란 건 두말할 필요도 없다. 사회적으로도 세금으로, 담배 농가의 생계 수단으로 얼마나 크게 이바지하는지 모른다. 그럼에도 불구하고 담배를 끊으려는 사람들이 줄을 잇는다. 특히나 요즘에는 금연구역이다, 금연 빌딩이다, 난리인 걸 보면 흡연이 건강에 좋지 않다는 것은 널리 알려진 사실인 듯하다.

금연을 위한 효과적인 방법이 무엇인지는 의견이 분분하다. 어떤 사람들은 점진적으로 끊어야 한다고 주장하면서 금연 준비기, 금단 증상기, 금연 유지기에 맞는 금연 기법을 제안한다. 또 어떤 사람들은 담배를 끊겠다고 결심한 후 어느 날 갑자기 담배를 끊는 게 효과적이라고 주장한다. 이렇게 갑자기 담배를 끊는 것을 콜드 터키Cold Turkey라고 한다. 어떻게 담배를 끊든지 간에 담배 끊은 사람과는 말도 하지 말랬으니까 그만 각설하자.

임길수 씨도 어설프지만 나름대로 심리학적인 원리까지 동원하며 담배를 끊어보려고 시도했지만 실패했다. 임길수 씨가 사용한 심리학 원리는 두 가지다. 하나는 조건부 계약이라는 것이다. 가령 자신이 담배를 피우면 친구에게 얼마를 주겠다고 하는 식으로 조건을 거는 계약을 조건부 계약(유관 계약)이라고 한다. '숙제 다 하면 나가 놀아도 좋다' '이 프로젝트를 마치면 보너스를 주마'와 같이 조건을 다는 것이다. 그런 계약을 통해 어떤 행동을 변화시키려 하는 것을 조건부 계약이라고 한다.

다른 하나는 공개 표방이란 것이다. 자신이 달성하고자 하는 목표를 공개적으로 알림으로써 주위 사람들의 지원을 얻는 방법이다. 자신이 목표로 삼은 행동을 공개적으로 표방하면 자신이 한 말에 책임을 크게 느끼고, 실없는 사람이 되지 않기 위해 약속을 더 잘 지킨다. 그런 현상을 '떠벌림 효과Profess Effect'라고 한다.

자기가 어떻게 하겠다고 떠벌리면 그 상황에 빠져들어 자기가 원래 주장한 내용을 실천할 가능성이 크다. 그것은 자기 얘기에 개입이 일어났기 때문이다. '개입Commitment'이란 사람을 어떤 관계(인간관계, 계약 관계, 서약 등)나 집단 속에 머물게 하는 전체적인 힘을 말한다. 주로 투자한 것이 많고, 다른 대안이 없고, 그 관계에 매력을 느낄수록 개입은 증가한다. 개입이 증가할수록 태도를 잘 바꾸지 않는다는 사실을 확인하기 위해 심리학자들은 일련의 실험을 했다.

실험자들은 사람들이 많은 데서 피험자들에게 자극을 제시하고 하나의 답을 선택하도록 했다. 비교 자극을 제시해주고 그것과 같은 크기나 모양을 고르도록 했다. 한 조건의 피험자들은 자극을 보고 다른 사람들의 판단을 들을 때까지 아무런 의견 표시를 하지 않았다(무개입 조건). 다른 조건에서는 다른 사람들의 판단을 듣기 전에 금방 지울 수 있는 글자판(약한 개인적 개입 조건), 또는 종이(강한 개인적 개입 조건) 위에 자신의 의견을 적어 놓았다. 그러나 그렇게 쓴 글자는 다른 사람들이 보지도 않을 것이고, 연구자들이 나중에 수집하지도 않을 것이라고 알려주었다. 마지막 조건에서는 다른 사람들의 이야기를 듣기 전에 종이 위에 자신의 의견을 쓰고 서명했다. 그리고 그렇게 쓴 것을 연구가 끝나면 수거할 거라고 알려주었다(강한 공개적 개입 조건). 그런 다음 피험자들이 다른 사람들의 판단을 들으면서 처음에 내린 판단을 얼마나 바꾸었는지를 알아보았다.

그 결과 무개입 조건(24.7%)에서 가장 많이 바꾸었고, 그 다음이 약한 개인적 개입 조건(16.3%)이었다. 그러나 강한 개인적 개입과 강한 공개적 개입 조건(5.7%)에서는 처음에 자신들이 남들 앞에서 떠벌렸던 판단을 덜 바꾸었다(도이치Morton Deutsch와 제라드Harold Gerard, 1955).

이 실험은 어떤 행동을 실천하기 위해서는 여러 사람 앞에서

공개적으로 자신의 입장을 표방하는 것이 효과적이라는 사실을
보여준다. 그래서 말로 하기보다는 각서를 쓰고, 각서를 쓰기보
다는 공개적으로 밝히는 게 더 효과적이다.

그렇다면 임길수 씨는 왜 효과를 거두지 못했을까. 그것은 임
길수 씨가 원래 말로만 한몫 보고, 자기가 한 약속을 헌신짝처
럼 버리는 사람이기 때문이다. 만약 임길수 씨와 같은 사람들이
조건부 계약이나 떠벌림 효과로 담배를 끊으려면 자기가 약속을
지키지 못했을 때 실제로 20만 원이라는 돈을 건네주어야 한다.
그렇지 않으면 임길수 씨는 아무리 정교한 심리학 원리를 사용
하더라도 담배를 끊을 수 없을 것이다. 그러나 자신의 말에 책임
을 지는 사람에게는 자신의 목표를 공개적으로 표방하는 떠벌림
효과가 도움이 된다.

30

"넌 할 수 있어"라고
말하면 할 수 있다

● 피그말리온 효과 ●

　이경호 대리는 자신이 무능하다고 생각지는 않는다. 그런데도 허구한 날 부장에게 핀잔을 듣기 일쑤다. "기획안이 이게 뭐냐?" "보고서가 왜 이리 엉터리냐." 부장도 이 대리가 무능하지 않다고 생각하지만 잦은 실수를 일으키는 것이 문제였다.

　그러던 어느 날 뜻밖의 일이 벌어졌다. 부장이 갑자기 이 대리를 칭찬하기 시작한 것이다. 별로 달라진 것이 없는데도 칭찬을 들으니 이 대리는 왠지 기분이 좋았다. '어! 나도 할 수 있잖아!' 태도도 달라지기 시작했다. 부장은 그 전날 연수에서 다음과 같은 내용을 교육받았다.

사람들의 행동은 남이 단순히 지켜보기만 해도 변하고, 일을 혼자 하느냐 같이 하느냐에 따라서도 달라진다. 더욱 흥미로운 것은, 행동뿐만 아니라 능력도 타인의 역할에 따라 달라진다는 점이다.

로젠탈Robert Rosenthal의 실험을 통해, 사람의 능력이 타인의 역할에 따라 어떻게 달라지는지를 알아보자.

Psycho **LAB**

로젠탈은 초등학교에서 교사들에게 거짓으로, 이 실험은 어린이의 지능 향상을 예측하기 위한 테스트라고 설명한 뒤 지능검사를 했다. 그리고 나서 아이들 중 20%를 무작위로 뽑아 "이 아이들은 지적 발달이 빠르고 앞으로 학업 성적도 높아질 것입니다"라며 선생님에게 지능 검사의 결과를 알려주었다. 그리고 8개월이 지난 후에 과거에 했던 것과 비슷한 지능 테스트를 해보았다. 그 결과, 앞으로 잘할 것이라고 선생님에게 기대를 심어주었던 20%의 아이들의 지능이 그렇지 않은 아이들의 지능보다 뚜렷하게 향상되었다. 이러한 현상을 '피그말리온 효과 Pygmalion Effect'라고 한다.

로젠탈의 실험에서 피그말리온 효과는 선생님이 기대를 가지고 아이들을 정성껏 돌보고 사랑한 결과 나타난 것이다. 또, 그러한 돌봄과 사랑을 받은 아이들도 선생님이 관심을 보여주니까 공부하는 태도가 변하고 공부에 대한 관심도 높아져서, 어느새 자신들의 능력도 향상된 것이다. '할 수 있다'는 기대를 가지고 아이들을 바라보는 것이 얼마나 중요한지를 잘 보여주는 실험이다.

이러한 현상은 아이들은 물론 어른들에게도 나타난다. 어른들도 타인이 자신에게 관심을 보이며 잘한다고 말해주면 더 잘하는 심리를 가지고 있다. 온 국민이 관심을 가지고 지켜보는 운동선수는 훈련 과정에서 시합에 이르기까지 국민들의 기대에 부응하기 위해 최선을 다하기 때문에 더욱 좋은 결과를 얻는다. 이따금 지나친 기대 때문에 너무 긴장해서 시합을 망치는 경우도 있지만, 남들이 관심을 가져주는 것과 가져주지 않는 것의 차이는 비교 안 될 정도로 뚜렷하다.

애정 어린 관심은 한 사람의 업무능력을 바꾸고, 나아가서는 한 사람의 인생을 보다 좋은 쪽으로 이끌지 모른다. 그러니 오늘부터라도 힐책이나 비난의 말 대신 "너도 할 수 있다"는 격려의 한마디를 서로에게 전해보면 어떨까?

피그말리온 효과와 낙인효과

피그말리온 효과도 일종의 '낙인 효과Labelling Effect'라고 할 수 있다. 사람들은 전과자, 정신질환자 등 어떤 사건이나 현상을 가지고 그 사람에 대해 낙인을 찍는 경향이 있다. 이러한 낙인은 문서나 사람들의 인식에 남아 그 사람의 이후 인간관계에도 영향을 미친다. 또 낙인이 찍힌 사람들의 행동에도 영향을 미쳐, 전과자를 또다시 전과자로, 정신질환자를 또다시 정신질환자로 만드는 요인이 되기도 한다.

정부는 최근 천만 건에 이르는 전과기록을 말소시켰다. 그러나 정신질환자는 조금 상황이 다르다. 전과기록이야 컴퓨터에서 지워버리면 그만이지만 정신질환자의 낙인은 정신질환에 대한 사회적 인식이 바뀌기 전에는 사라지기 힘들다.

교육 수준이 높아지고 사회·경제 수준이 향상되면서 사람들의 정신건강에 대한 관심도 높아지긴 했지만, 우리 사회는 여전히 정신병원에 찾아가는 것을 색안경 끼고 보는 경향이 있다. 가족은 가족대로 환자는 환자대로 정신병원을 꺼린다. 그러나 정신과는 '미친놈'이 가는 곳이 아니라, 배 아프면 내과에 가듯 마음이 아픈 사람들이 가는 곳임을 다시 한 번 강조하고 싶다.

31

좋은 얘기도
한두 번

● 심리적 포만 ●

'자주 볼수록 호감이 상승한다'는 말은 인지상정처럼 여겨지지만, 예외는 있다. 지나치게 잦은 노출은 상대방에게 '심리적 포만Psychological Satiation'을 일으켜 오히려 호감을 떨어뜨릴 수도 있다. 심리적 포만은 똑같은 대상이나 사람을 변함없이 지속적으로 볼 경우 그 대상이나 사람에 대해 싫증을 느끼는 현상을 가리킨다. 이는 같은 음식을 계속 먹을 때 그 음식에 물리는 것과 비슷하다. 심리적 포만은 연인, 부부, 친구 사이에서 나타나는 일종의 권태와도 같다.

비슷한 현상은 사람을 설득하는 커뮤니케이션에서도 나타

난다. 똑같은 설득 메시지를 되풀이할 경우, 처음에는 효과가 높아지겠지만 어느 수준을 넘어서면 오히려 효과를 떨어뜨리는 결과를 낳는 것이다. 이런 현상을 밝혀낸 것이 카시오포_{John Cacioppo}와 페티_{Richard Petty}의 실험이다(1979).

Psycho **LAB**

한 집단의 학생들에게 대학 예산의 증가에 관한 8개의 서로 다른 설득 메시지를 제시했다. 그중 학생들과 밀접하게 관련된, 등록금의 인상을 주장하는 설득 메시지가 있었다. 학생들로서는 등록금이 인상되지 않는 것이 좋기 때문에 학생들의 입장과 반대되는 설득 메시지였다(높은 상위 메시지 조건).

또 다른 집단의 학생들에게는 지나치게 향락적이고 소비적인 사람들에게 사치세를 부과하자는 내용의 설득 메시지를 전달했다. 사치세를 올리는 것은 학생들과 밀접하게 관련된 문제도 아니고, 학생들의 입장과 크게 다르지 않은 설득 메시지였다(낮은 상위 메시지 조건).

두 가지의 설득 메시지를 되풀이해서 제시한 결과, 낮은 상위 메시지가 높은 상위 메시지보다 설득이 잘 되었다. 그러나 두 조건 모두 메시지 접촉이 늘어날수록 어느 수준부터는 동의율이 줄어들기 시작했다.

어느 수준까지는 커뮤니케이션의 효과가 높아지다가 일정 수준에 다다르면 그 효과가 감소하는 '거꾸로 된 U자' 모형의 곡선을 보여주었다.

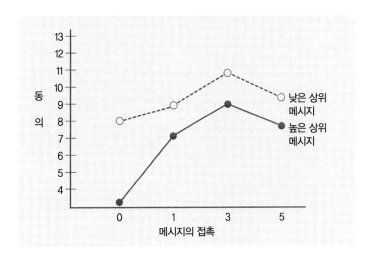

이 실험은 메시지에 설득력이 있든 없든 간에 같은 내용이 지나치게 반복되면 외려 효과가 떨어지게 된다는 사실을 보여준다.

좋은 소리도 한두 번이고, 좋은 노래도 자주 들으면 싫어진다. 한 얘기를 하고 또 하는 것은 상대방을 괴롭히는 것이다. 공익광고랍시고 맞는 말이긴 하지만 지루하기 짝이 없는 메시지를 허구한 날 반복하고 있는 어떤 사람들에게 꼭 들려주고 싶은 이야기다.

어떤 대상이나 사람에 대해 갖고 있는 태도는 시간이 흐를수록 더욱 강해진다. 친한 친구의 경우에는 생각하면 할수록 좋은 점들을 떠올리고 나쁜 점들을 예외로 간주하면서 그 친구를 더 좋아하게 될 것이다. 그러나 싫어하는 사람에 대해 많은 시간을 생각하게 된다면 그 사람과의 좋지 않은 기억들을 떠올리게 됨으로써 더욱 싫어하게 될 것이다.

이러한 현상은 사람들 스스로 자기들의 태도를 검토하고 연습하기 때문에 일어난다. 흔히 사람들은 평소의 태도에 일관성이 있어야 한다는 심리적 압박을 느낀다. 그러므로 태도 변화가 자발적으로 일어난다. 여기에서 재미있는 현상은, 사람들은 외부의 압력이 없음에도 불구하고 시간이 경과함에 따라 태도를 논리적으로 일관되게끔 변화시키는 경향이 있다는 점이다. 이러한 현상을 소크라테스가 자기 제자들에게 질문을 던져 자발적으로 결론에 이르도록 한 것에 비유해 '소크라테스 효과Socratic Effect'라고 한다(맥과이어William McGuire, 1960).

32

누구를 위해
회개하는가

● 고백 효과 ●

옛날 어느 나라에 한 임금이 살고 있었다. 그의 귀는 당나귀처럼 무척 컸다. 그러나 그 귀를 왕관으로 가리고 있었기 때문에 다른 사람들은 전혀 볼 수가 없었다. 임금의 이발을 담당하는 이발사만은 임금의 큰 귀를 보았지만 그는 어디에도 임금의 귀에 대해 말할 수 없었다. 그것을 발설했다가는 죽음을 면치 못하기 때문이다. 그러나 이발사는 입이 근질거려 견딜 수 없었다. 참다 못해 이발사는 뒷동산 대나무 밭에 가서 혼자 소리쳤다.

"임금님 귀는 당나귀 귀!"

"임금님 귀는 당나귀 귀!"

사람들은 자신이 저지른 죄 때문에 괴롭거나 무언가 혼자 비밀로 간직하기 힘들 때면 임금의 이발사처럼 혼잣말으로라도 떠들어야 속이 편하다. 그럴 경우 누군가에게 자기의 마음을 툭 털어놓으면 속이 편하다.

"김 과장 당신만 알고 있어야 돼. 다른 사람들에게 얘기하면 절대로 안 돼."

"뭔데 그래?"

"아 글쎄, 서 부장이 이혼했대."

그러나 다음 날 서 부장이 이혼했다는 소식은 서 부장을 뺀 모든 직원이 알고 있었다.

사람들은 친구들과 어울려 얘기하고, 회개하고, 고해성사를 하고 상담을 한다. 그렇게 해서라도 죄의식을 덜고, 혼자 간직해온 속앓이를 풀려고 한다. 그러나 흥미로운 사실은 그렇게 죄나 비밀을 털어놓으면 죄의식도 줄어들고 자기 속도 편해지지만 다른 사람을 돕는 행동은 줄어든다는 것이다.

누군가를 돕는 행동은 다양한 요인들로 결정된다. 성격, 경제적 능력, 신체적 능력, 지혜, 시간 등 많은 요인들이 도움행동에 영향을 미친다. 특히 도움행동을 하는 사람들은 높은 도덕성을 가지고 있고, 사회적으로 인정받고 싶고, 기분이 좋고, 타인의 고통을 자기의 것으로 받아들일 줄 안다. 그런데 도움행동을 하는 사람들은 죄의식을 가지고 있는 경우도 있다.

사람들은 어떤 사람에게 도움을 못 주었다는 죄의식, 남에게 피해를 입혔다는 죄의식이 있을 때 죄의식을 덜려고 남을 도와주는 행동을 한다. 물론 순수한 봉사 정신과 사랑 때문에 돕는 분들이 더 많다. 그런데 자신의 죄의식을 남에게 고백하면 그런 죄의식이 사라져 다른 사람을 돕는 행동이 줄어든다. 이런 현상을 '고백 효과Confession Effect'라고 한다.

Psycho **LAB**

과연 그럴까. 그것을 알아보기 위해 피험자라고 속인 실험 협조자가 피험자들 틈에 끼어 실제 피험자들에게 실험에 관한 정보를 슬쩍 흘렸다. 그래서 실제 피험자들은 이미 어떤 실험인지를 알고 있었다. 실험이 끝난 후 실험자는 피험자들이 어떤 실험인지를 이미 알고 있었기 때문에 실험을 망쳤다고 했다. 그런 다음 한 집단의 피험자들에게는 자신이 알고 있었던 것을 고백하도록 해서 죄의식을 덜어주었고(고백 집단), 다른 집단의 피험자들에게는 그런 고백을 할 기회를 주지 않았다(죄의식 집단). 그리고 한 집단의 피험자들은 실험을 망쳤다는 얘기를 전혀 듣지 않아 죄의식을 느낄 필요가 없었다(통제 집단).

그렇게 집단을 구분한 다음 피험자들에게 다른 실험에 참여할 수 있는 시간을 내달라고 부탁했다. 그랬더니 도와주겠다고 응답한 사람은 죄의식 집단의 피험자에서 많이 나왔다. 다른 집단의 피험자에서 도와주겠다고 대답한 비율은 상대적으로 적었다.

많은 사람들이 교회나 성당에서 잘못을 고백함으로써 회개의 의식을 치른다. 그렇게 함으로써 자신의 죄의식을 덜고 내면의 갈등을 해소하는 것이다. 그러나 그렇게 자기 죄를 더는 것은 자신의 건강에는 좋을지 모르나 피해를 입은 사람에 대한 보상이나 다른 사람을 돕는 행동이 줄어드는 부작용을 초래하기도 한다.

만약 누구 돈을 떼어먹었다든가, 뺑소니를 쳤다든가, 도둑질을 한 사람이 회개하고, 고해성사하고, 상담하고 나서 죄의식이 줄어든다면 그 같은 아이러니를 어떻게 극복할 것인가. 그런 아이러니를 해소하려면 지금이라도 돈 떼먹은 사람은 돈 갚고, 뺑소니 친 사람은 자수하고, 도둑질한 사람은 도둑질한 물건을 돌려줘야 할 것이다.

33

'부당한 명령'에 따른 자는 무죄인가

• 응종 실험 •

제2차 세계대전 때 유대인 학살을 총지휘한 사람은 아돌프 아이히만Adolf Eichmann이라는 직업관료였다. 그는 종전 후 아르헨티나로 도주했으나 1961년 이스라엘의 비밀경찰에 체포되어 처형되었다. 아이히만은 재판 과정에서 꽤 유명한 말을 남겼다. 자신은 그저 명령에 따랐을 뿐이므로 6백만 명에 달하는 유대인의 죽음에 대해서는 전혀 책임이 없다는 것이다. 그러나 그의 주장은 거부되었고 그는 전범 재판에서 처형되었다. 이후 그의 항변, 즉 '아이히만의 항변'은 그저 명령에 따르는 인간의 심리와 행동을 대표하는 말이 되었다.

과연 아이히만의 항변은 타당했는가? 사람들은 일반적으로 보수, 강요, 전문성, 정보성, 준거세력, 합법적 권위의 영향을 받아 타인의 명령을 따른다. 그중에서도 조직, 법, 종교의 교리 등과 같은 '합법적 권위'는 사람들에게 아이히만과 같은 복종을 유발한다.

"조직의 명령이니 당신은 걱정 말고 맡은 바 임무에나 충실하시오."

"당신의 책임은 없는 것이오."

그런 말을 믿고 자신의 임무에 '충실'하려는 사람들은 잔인하고 위험한 행동조차 서슴없이 저지른다. 사람들은 과연 자신이 책임지지 않아도 되는 상황에서 얼마만큼 잔인해질 수 있을까?

아이히만의 항변이 있고 나서 미국의 심리학자인 밀그램 Stanley Milgram은 그것이 도덕적으로 옳지 않더라도, 권위에 의한 명령에 사람들이 얼마나 쉽게 따르는지 알아보기 위해 일련의 실험을 진행했다(1963).

Psycho **LAB**

밀그램은 처벌이 학습에 미치는 영향을 알아보기 위한 실험이라고 피험자들을 속이고, 교사의 역할을 맡은 피험자가 학생에게 기억해야 할 단어 쌍들을 읽어주도록 했다. 그리고 학생이

착오를 일으킬 때마다 그들에게 전기충격을 주도록 지시했다. 실험이 시작되기 전에 피험자들은 실제로 고통스럽고 강한 전기충격을 직접 경험했는데, 실험자는 그 정도의 쇼크는 학생들이 겪게 될 전기충격에 비하면 약한 것이라고 설명해 주었다.

실험이 시작되자 학생은 몇 개의 실수를 범했다. 교사는 학생에게 틀렸다는 말을 하고 전기충격을 주기 시작했다. 그러자 학생은 투덜거리기 시작했고, 전기충격의 수준이 증가함에 따라 학생의 반응은 더욱 격해졌다. 쇼크를 멈춰달라고 사정도 하고, 탁자를 두드리고 발로 벽을 차기도 했다. 실험이 진행될수록 학생은 소리조차 지르지 못했고 종국에는 말 한 마디조차 제대로 하지 못하는 상황에 이르렀다. 여기서 학생 역할을 하는 사람은 실제로는 실험자와 사전에 짜고 피험자가 누르는 전기충격 강도에 따라 연기를 하는 것이었으나 피험자들은 그것을 전혀 몰랐다.

학생이 전기충격을 받고 고통을 호소하자 피험자들은 손에 땀이 나고 안절부절못하고 이따금 실험을 거부하기도 했다. 그러나 실험자는 옆에서 전기충격을 계속 주도록 요구했다. 그러면서 실험에 관한 모든 책임은 실험자인 자신이 질 것이므로 교사 역할의 피험자는 책임질 필요가 전혀 없다고 말해주었다.

과연 사람들은 어느 정도의 전기충격을 학생에게 주었을까? 즉 사람들은 얼마나 잔인해질 수 있었는가?

실험 결과는 매우 충격적이었다. 실험에 참여한 모든 피험자들이 300V의 전기충격을 학생에게 주었다. 그리고 절반 이상인

65%(40명의 피험자 중 26명)가 450V의 전기충격을 주었다. 가정에서 쓰는 전기인 110V 또는 220V의 전압에 감전되어도 위험한데 하물며 300V 아니 450V의 전기라면 얼마나 위험한 것인가는 가히 짐작이 간다.

그러나 이 실험은 합법적인 권위가 있는 상황이라면 정상적인 사람일지라도 남에게 심한 해가 될 수 있는 명령에 충분히 복종할 수 있음을 보여주었다. 이렇게 다른 사람들의 명령에 복종하는 사람들의 심리와 행동을 심리학에서는 응종이라고 한다. 응종은 타인의 요구나 명령과 같은 외부 압력에 복종하는 사람들의 심리 현상과 행동을 일컫는 말로서, 남의 요구나 명령이 없어도 타인의 행동을 자발적으로 따라 하는 동조Conformity와는 구분되는 개념이다.

아이히만의 항변은 과연 정당화될 수 있는가? 이 실험에 의하면 아이히만의 항변은 어느 정도 설득력을 갖고 있긴 하지만 그렇다고 자신의 죄가 정당화될 수 있는 것은 아니다. 왜냐하면 아이히만은 자신의 지위를 유지하고, 부귀영달을 꾀하기 위해 전쟁과 집단 학살에 자발적으로 참여했기 때문이다. 만약 그가 자신의 지위와 부귀영달을 포기했더라면 그러한 학살에 참여하지 않을 수도 있었다. 그렇기 때문에 아이히만의 항변은 정당성을 가질 수 없다. 아이히만은 마땅히 자신의 행동에 책임을 져야만 한다.

밀그램의 응종 실험은 우리에게 두 가지를 일깨워준다. 하나는 남의 말을 무조건 따르는 어리석음을 범하지 않기 위해서는 확실한 자기상이 있어야 한다는 것이다. 또 다른 하나는 아이히만과 같은 인물들은 반드시 처벌받는 세상을 만들어야 한다는 것이다. 그래서 잘못된 권위를 등에 업은 채 득의양양하게 민중을 기만하고 고통스럽게 한 행위는 반드시 단죄됨을 보여줘야 할 것이다.

타인에게 영향을 미칠 수 있는 사회적 세력

사람들은 사회라는 커다란 자기장 속에서 서로 영향을 주고받으며 살아간다. 그러한 영향은 다양한 요소들에 의해 결정되는데, 특히 타인에게 영향을 미칠 수 있는 힘을 '사회적 세력 Social Power'이라고 한다. 이러한 사회적 세력에는 다음과 같은 것들이 있다.

1. 보수 : 성공을 돕거나 가치 있는 보수를 제공해줄 수 있는 능력이 있을 때 타인에게 영향력을 가질 수 있다.

2. 강요 : 심리적, 물리적 힘에 의한 영향력을 상대방에게 행사할 수 있을 때 사회적 세력을 가질 수 있다. 그러나 강요는 거짓된 복종을 유발할 수 있다는 단점이 있다.

3. 전문성 : 자기 분야에서 전문적인 지식을 가진 전문가가 되면 더 많은 영향력을 행사할 수 있다.

4. 정보 : 남들이 모르는 정보를 가지고 있거나 그 정보를 제공해줄 수 있으면 타인에게 영향력을 행사할 수 있다.

5. 준거 세력 : 존경과 흠모의 대상을 동일시하려고 할 때 사람들은 그 사람의 행동을 자발적으로 흉내 내거나 그 사람의 요구하는 바를 따르는 경향이 있다. 타인들로부터 당신이 그러한 준거

세력_{Referent Power}이 된다면 영향력을 미칠 수 있다.

6. 합법적 권위 : 부모–자식, 상사–부하, 선생–학생과 같이 정해져 있는 사회적 역할들은 합법적인 권위를 갖고, 합법적 권위를 가지고 있는 사람들은 사회적 세력을 갖게 된다.

7. 기대 : 상대방에게 기대하고 있다는 느낌을 주는 것은 타인에게 영향력을 발휘한다.

8. 작은 요구에 동의하도록 하기 : 사람들은 일반적으로 상대방의 작은 요구를 들어주게 되면 점차 큰 요구도 들어주는 경향이 있다.

9. 환경조작 : 자기의 주차 공간에 타인이 계속 주차를 할 때 울타리를 치고 자물쇠를 채우는 것은 환경조작을 통해 다른 사람에게 영향을 미치는 것이다.

10. 제3자의 개입 : 한밤중에 소란을 피우는 사람을 경찰에 신고해서 소란을 잠재운다면 그것은 제3자의 개입을 통해 영향력을 발휘하는 것이다. 어떤 문제에 직접 개입하기 곤란할 경우에는 법, 경찰, 전문가와 같은 제3자의 개입을 통한 해결이 효과적이다. 〈레이븐Bertram Ravin과 루빈Jeffery Rubin, 1983에서 응용〉

34

함께 결정할수록
극으로 치닫는다

● 극화 현상 ●

시골에서 초등학교를 다녔던 최완섭 씨는 지금도 평소에 별로 말이 없고 차분한 성격이다. 학창 시절에도 선생님 말씀을 잘 듣는 모범생이었다. 그런 최완섭 씨가 어느 여름 밤 친구들과 어울렸다. 이런저런 얘기를 나누며 더위를 식히고 있는데, 갑자기 한 친구가 수박 서리를 가자고 제안했다. 조금만 가면 수박밭이 있는데 낮에 수영하고 오다 보니 수박이 잘 익어 있더란다. 갈 것인지 말 것인지 심각한 토론이 벌어졌고, 평소에 그럴 것 같지 않던 최완섭 씨조차 수박 서리에 동의하고 말았다. 그러나 그들은 수박은 만져보지도 못하고 손전등 불빛 때문에 주인에게 들켜 시골 파출소에 끌려가 온 동네를 시끄럽게 만들어버렸다.

기획 회의를 할 때도 그렇고, 마케팅 회의를 할 때도 그렇고 처음에 의도한 것보다 의사결정이 지나치게 극단적으로 이루어지는 경우를 본다. 그런 현상은 집단이라는 상황이 빚어내는 묘한 역학관계 때문에 나타난다.

집단에서 어떤 의사결정을 하면 혼자 결정할 때보다 더 모험적인 쪽으로 대부분의 의사결정이 이루어진다. 이처럼 여럿이 모여 결정을 하면 혼자 결정할 때보다 더 모험적으로 의사결정이 이루어지는 현상을 '모험 이행Risky Shift'이라고 한다.

이런 현상은 진취적이고 진보적이며 모험심이 강한 것을 사회적으로 인정하는 문화에서 많이 나타난다. 그런 분위기에서 겁쟁이가 되지 않기 위해서는 다른 사람들보다 더 모험적이 되어야 한다. 결국 수박 서리를 갈 것이냐 말 것이냐는 누가 더 용감한지를 무의식적으로 경합하게 만들기 때문에 대개는 '가자!' 쪽으로 결정 나는 것이다.

그러나 집단 의사결정이 언제나 모험 쪽으로 결정 나는 것은 아니다. 오히려 여럿이 모이면 수박 서리는커녕 호박 서리도 못하는 경우가 허다하다. 어떤 경우에는 집단에서 결정하는 것이 혼자 결정할 때보다 더 보수적인 경우도 있다. 이런 현상을 '보수 이행Conservative Shift'이라고 한다. 이렇듯 집단 의사결정은 어떤 경우에는 모험 쪽으로, 어떤 경우에는 보수 쪽으로 치우쳐서 나타나는데 이런 현상을 '극화 현상Extremity Shift 혹은 Polarization'이라고 한다.

그렇다면 극화 현상은 왜 나타나는가? 첫째, 사람들은 집단 토의를 할 때 다른 사람들의 의견에 반대하는 사람보다 찬성하는 사람을 많이 보기 때문에 집단 의사에 동조하는 경향이 있다. 다른 사람들은 다 찬성하는데 자기만 반대하는 것은 일탈자가 되는 것이기 때문이다. 사람들은 일탈자가 되기를 꺼린다. 둘째, 사람들은 자신이 가지고 있는 태도를 옹호하는 입장을 취하기 때문에 타인의 의견은 무시한 채 자신의 의견을 더욱 강화시키는 경향이 있다. 셋째, 사람들은 상호 비교 과정을 통해 집단이 원하는 쪽으로 의견을 일치시킴으로써 집단의 호감을 받으려는 심리를 가지고 있다. 넷째, 집단 내에서의 의사결정 결과는 나 혼자 책임지는 것이 아니라 집단 전체가 책임을 진다는 책임감 분산의 심리가 있다. 다섯째, 구성원들이 원래 가지고 있는 성향이다.

Psycho **LAB**

이런 현상을 알아보려고 모스코비치Serge Moscovici와 자발로니 Marisa Zavalloni는 극화 현상이 나타나는 심리적 이유를 연구했다 (1969). 그 결과 집단 구성원들이 가지고 있는 의견이 애당초 보

수적이면 집단 토의는 더욱 보수적으로 변했고, 그에 비해 처음 의견이 모험적이면 집단 토의는 더욱 모험적으로 변했다. 결국 수박 서리를 갈 생각이나 성향을 가진 사람들이 끼리끼리 모였기 때문에 수박 서리를 가는 쪽으로 결정 난 것이다. 그리고 보면 최완섭 씨도 수박 서리를 할 만한 끼를 다분히 가지고 있었던 셈이다.

집단으로 의사결정을 할 때 발생할 수 있는 부작용은 크게 두 가지다. 그중 하나는 지금까지 우리가 살펴보았던 극화 현상이고, 다른 하나는 '집단 사고Group Think'다. 집단 사고란 집단 토론을 할 때 그 집단 리더의 원래 의도에 일치되는 쪽으로 의사결정이 이루어지는 현상으로 주로 카리스마적인 지도자와 토론할 경우에 많이 나타난다. 그러나 극화 현상과 집단 사고는 집단 의사결정의 병폐다.

그리고 보면 집단 의사결정이 반드시 좋은 것은 아니다. 아는 사람 눈치 봐야 하고, 튀지 않아야 하고, 리더의 의중이 무엇인지 살펴야 한다. 그런 분위기에서 좋은 아이디어가 나올 리 없다. 의사결정을 할 때는 '백지장을 맞들면 찢어진다'는 사실도 염두에 두어야 한다. 그럴 땐 집단 토론보다 자기의 의견을 백지에 적어 내라고 하거나, 혼자 아이디어를 생각하고 난 다음에 토론하는 게 효과적이다. 그러면 최소한 '백지장이 찢어지는 일'은 없을 테니까.

35

목격자가 많을수록
왜 신고는 늦어지는가

● 방관자 효과 ●

길을 가다 보면 지하도나 거리에서 도움을 원하는 사람들을 볼 수 있다. 그런데 막상 도움을 주게 되는 경우는 제각각이다. 남을 도와주는 행동이 상황의 특성이나 개인의 특성, 또는 도움을 구하는 사람의 특성에 따라 복잡하게 결정되기 때문이다.

대개 사람들은 그것이 '좋은 일'이기 때문에 될 수 있으면 남을 도우려 한다. 하지만 거기에는 부담이 뒤따른다. 그 때문에 도움행동을 무의식적으로 꺼리게 되기도 한다. 실제로, 사람들은 자신의 도움이 필요할 만한 상황을 적극적으로 피하는 경향이 있다.

사람들이 다니는 통로 두 곳에 각각 탁자를 가져다놓았다. 그리고 한쪽에만 자선금 기부 모금함을 올려두었다. 그러자 모금함이 놓인 탁자 쪽을 지나게 된 사람들은 멀찌감치 떨어져 돌아갔다. 모금인이 앉아 있을 때는 더 멀리 돌아갔고, 모금인이 신체장애인일 때는 더더욱 멀리 돌아갔다. 도움의 요청이 강할수록 그 상황을 더 적극적으로 회피했다.

자신의 도움이 요구되는 상황들은 다소의 갈등을 일으키며, 사람들은 멀리 떨어짐으로써 이러한 갈등을 최소화하려는 경향이 있다. 아마 당신도 전철에서 도움을 청하는 사람을 만날 경우 멀리 떨어져 있을수록 도움을 덜 주게 될 것이다. 사람들이 도움 행동을 꺼리는 데에는 비용 이외에도 여러 가지 원인이 있다. 그 중에서 대표적인 원인이 책임감 분산이다.

1964년 뉴욕에서 있었던 일이다. 키티 제노베스란 여인은 밤늦게 직장에서 귀가하던 중 자신의 아파트 건물 앞에서 습격을 당했다. 수상한 사람이 뒤를 밟는 것을 눈치채고 공중전화 부스에 들어가 도움을 요청하기 위해 전화하려는 순간 괴한의 칼에 찔렸다. 여러 번 공격을 받는 동안 그녀는 비명을 질렀고 아파트의 이곳저곳에서 불이 켜졌다. 놀란 괴한은 두 번이나 도망쳤으나, 아무도 나와보지 않은 것을 확인하고 되돌아와서 그녀를 살해했다. 수사 결과 30분 동안 벌어진 이 사건을 알고 있었던 사람은 38명이나 되었다. 하지만 어느 하나 나와보기는커녕 신고 전화조차 하지 않았다는 사실이 밝혀져 세상을 경악게 했다. 그녀의 이웃들은 병원차가 시체를 싣고 가기 위해 도착할 때까지 길거리에 나오지 않았다.

또 이런 일도 있었다. 1983년 3월 6일 일요일 저녁 9시경, 21세 한 여자가 미국 매사추세츠 주의 뉴베드포드 공장 지역에 있는 바에 혼자 들어가 술을 마셨다. 그녀가 떠나려고 할 때, 어떤 남자가 출입문을 막고 그녀를 덮쳐 스웨터만 남기고 옷을 벗겨버렸다. 다른 두 명의 남자가 그녀를 쓰러뜨리고 강제로 구강성교를 하게 했다. 그녀는 몸부림치며 소리 지르고 다른 손님들에게 도와달라고 간청했다. 하지만 아무도 도와주지 않았다. 술집 지배인은 "한 손님에게 동전을 주면서 경찰을 불러 달라고 했지만 그는 틀린 번호만을 돌렸다"고 말했다.

이런 현상은 사람들이 도움행동을 주지 않는 극단적인 경우다. 정도의 차이는 있지만 우리도 이와 비슷한 상황을 자주 접한다. 여러 사람에게 뭇매를 맞고 있는 사람, 남자들에게 희롱당하는 여자, 길거리에 쓰러져 있는 사람……. 종종 이런 상황을 접하지만 선뜻 나서지 못한다.

사람들이 위기에 처해 있는 사람들을 도와주는 것은 여러 가지 요인에 의해 결정된다. 시간 압력, 도움을 줄 수 있는 능력 그리고 성격 등이 영향을 미친다. 흥미로운 사실은 나 이외에 다른 사람이 있었느냐에 따라 도움행동이 결정된다는 것이다. 특히 사람들은 목격자가 많을수록 다른 사람을 덜 도와준다. 설령 도움행동을 한다 하더라도 도움행동을 하기까지 시간이 오래 걸린다. 달리John Darley와 라테인Bibb Latane은 이런 현상을 '방관자 효과Bystander Effect'라고 했다.

그들은 방관자 효과를 알아보기 위해 뉴욕 시의 한 상점에 몰래 카메라를 설치하고 현장 실험을 했다. 판매원은 손님이 물건을 사러 오면 무언가를 점검하는 척 상점 안쪽으로 갔다. 그때 두 명의 건장한 청년들이 "이것을 가져가도 판매원을 모를 거야"라고 말하면서 맥주 상자를 들고 밖으로 걸어 나갔다. 상점에 온 다른 고객들이 어떻게 행동하는지를 알아보려고 일부러 꾸민 것이다. 그 결과 혼자서 그 상황을 목격했을 때보다 여럿이 그 상황을 목격했을 때 판매원에게 절도를 보고하는 경향이 줄어들었다. 여럿이 있을 때는 방관자 효과가 나타난 것이다.

Psycho **LAB 1**

라테인과 달리는 실험에 참가한 남학생(피험자)들이 설문에 응답하는 동안 화재를 위장, 실험실 안으로 연기가 들어오는 사태를 꾸몄다. 피험자들은 혼자 있거나, 세 사람이 같이 있거나, 방관적 행위를 보이는 두 사람의 다른 피험자(실험협조자)와 같이 있었다. 실험 결과, 혼자 있는 경우 75%의 사람들이 실험실 밖으로 나가 연기에 대한 보고를 했으나, 세 명인 경우는 38%, 두 명의 방관자와 같이 있던 경우에는 10%만이 보고를 하러 나갔다.

피험자들을 독방에 들여보내고 인터폰으로 동료 피험자(실험 협조자)와 이야기를 나누도록 했다. 그리고 이야기 도중 상대방이 간질 발작을 일으키는 상황을 연출시켰다. 그 결과, 자신이 발작 소리를 들은 유일한 목격자일 때는 85%, 자기 말고 다른 사람이 또 하나 있다고 여길 때는 62%, 다른 사람이 4명 더 있다고 여길 때는 31%가 도움을 주려는 행위를 보였다. 도움행동을 얼마나 빨리 주느냐를 측정하는 도움의 신속성에서도 혼자일 경우가 가장 빨랐다.

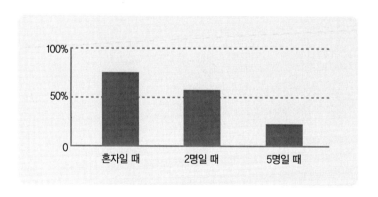

일반적으로 사람들은 도움 행위가 줄어드는 까닭을 산업사회에서 빚어지는 무관심과 병적인 소외의 탓으로 설명한다. 그러나 심리학자 달리와 라테인은 다른 시각에서 접근했다. 즉 도움을 줄 다른 사람이 있다는 인식이 그들을 주저하게 했다는 것이다. 타인의 존재는 책임감을 분산시킨다. 이런 현상을 사람이 많을수록 강하게 나타난다. 그 결과 목격자가 많을수록 도움 행위는 줄어든다는 것이다.

그러나 주위에 사람이 많다고 개인에게 돌아올 양심의 가책이 실제로 줄어드는 것은 아니다. 다만 그렇게 믿고 싶어 할 뿐이다. 누군가 당신에게 절규하듯 도움을 요청한다면 못 본 척 외면하기보다 최선의 방안을 찾아 도와줘야 한다. 얼마 전 어떤 병원에서는 응급환자를 받지 않아 이 병원 저 병원을 돌던 환자가 끝내 죽었다. 만약 당신이 도움을 청하는 사람을 외면하고 돌아섰다면 죽어가는 환자를 무시해버린 자들과 하등 다를 게 없다. 만약 그렇다면 적어도 당신에게는 그들을 향해 돌을 던질 자격이 없는 것이다.

어떤 경우에 다른 사람들을 도와주는가

1. 필요의 지각 : 가장 먼저, 그 일에 도움이 필요하다는 것을 도와주려는 사람이 인식해야 한다. 정말 도와줘야 할지 결정하기 힘들 때는 도움행동도 줄어든다.

2. 개인적 책임 : 자신의 책임이 크다고 생각하면 도움행동이 늘어난다. 일반적으로 자신 이외에 도와줄 사람이 없고 주변에 사람이 적을수록 책임감이 커지고 도움행동도 늘어난다.

3. 개인적 유능성 : 도와줄 능력을 갖춘 사람은 도움행동을 할 가능성도 높다. 힘이 센 사람이라면 여자가 낯선 남자에게 봉변을 당하고 있을 때, 의사라면 사람이 피를 흘리고 쓰러져 있을 때 더 많은 도움행동을 하게 된다.

4. 부담과 이익에 대한 비교 : 돕는 데 들어가는 노력과 시간, 정력, 곤란한 사정 등과 같은 부담과 도와줌으로써 생기는 자긍심, 칭찬, 대가 등을 비교할 때, 이익과 보람이 크다고 여겨질수록 도움을 줄 가능성도 커진다.

5. 돕는 방법과 도움행위의 용이성 : 직접 싸움에 끼어들 것인지 경찰을 부를 것인지와 같이, 돕는 방법과 도움행위가 얼마나 쉬운지에 따라 도움행위도 결정된다.

36

지나친 '본때'는
역효과만 가져온다

● 잔물결 효과 ●

신백기 씨는 작업 반장이다. 그는 요즘 자기의 반원들이 게으르고, 말도 잘 듣지 않는 것 같아 기분이 나쁘다. 그래서 어제는 한 작업 반원이 실수한 것을 꼬투리 잡아 다른 반원들 보는 앞에서 그를 심하게 야단쳤다. 사람들 앞에서 본때를 보여준 것이다. 그런데 이게 어찌된 일인가. 반원들의 분위기가 더 어색해지고, 반원들이 말을 더 안 듣는다. 그 반원을 혼내준 일이 오히려 역효과를 가져온 것이다.

본때란 남들에게 보일 만한 본보기를 말한다. 이런 본때를 통해 사람들은 세상의 질서를 배우고 그 질서를 따른다. 잘하면 상을 받고 잘못을 저지르면 벌을 받는다는 것을 배움으로써 사회 질서와 규범이 세워진다. 그런 원리를 신백기 씨는 작업 현장에 적용하려 했지만 실패했던 것이다.

사람들이 타인에게 영향력을 행사하는 방법으로는 강압적인 힘, 보수, 강요, 전문성, 정보, 준거세력, 합법적 권위, 기대 등 여러 가지가 있다. 사람들은 그런 방법으로 타인에게 영향력을 행사할 수 있다. 이렇게 타인에게 영향을 미칠 수 있는 힘을 사회적 세력이라고 한다.

학교 선생님들은 신백기 씨처럼 학생들의 행동을 통제하기 위해 강압적인 힘에 의존하는 경향이 높다. 그러나 많은 연구들은 그런 강압적인 힘이 타인들에게 영향을 주는 데 가장 비효율적이라는 사실을 밝혀냈다(코우닌Jacob Kounin, 1970). 가령, 교사들이 학생들을 통제하기 위해 체벌, 화내기, 소리 지르기와 같은 강압적인 방법을 썼을 경우 학생들의 행동을 변화시키지 못했을 뿐만 아니라 전체 학급 분위기도 부정적으로 만들었다.

잘못한 학생이 교사로부터 심한 벌을 받을 때, 그것을 지켜보는 학생들은 오히려 공부를 더 안 하고 학교생활에도 흥미를 잃게 된다. 그리고 부정적이고 부적절한 행동이 학급 전체에 만연하게 된다. 마찬가지로 직장 동료가 상사로부터 야단을 맞거나 징계를 받으면 되레 일은 더 안하고 직장생활에도 흥미를 잃는다. 그뿐 아니라 은근히 반발 심리가 퍼져 상사의 말을 잘 듣지 않고, 의도적으로 사소한 실수를 하거나 작업을 지연시키기도 한다. 이처럼 조직 구성원의 일부를 야단쳤을 때 다른 구성원들에게 미치는 부정적 영향을 '잔물결 효과Ripple Effect'라고 한다. 잔잔한 호수에 돌멩이를 던지면 그 물결이 사방으로 퍼져나가는 것처럼 한 사람을 야단치면 그 파급 효과가 한 집단 내로 퍼지는 현상이다.

잔물결 효과는 특히 벌을 받는 사람이 조직에서 중요한 역할을 하고 있을 경우, 상사의 명령이나 지시가 모호하고 분명하지 않을 경우에 더 크게 나타난다.

이런 현상에 따르면 처벌의 효과는 크지 않다는 사실을 알 수 있다. 처벌의 본때보다는, 한 사람을 희생양으로 삼기보다는 상사 스스로 조직 구성원들로부터 존경받을 만한 행동을 하고, 전문적인 지식을 통해 영향력을 행사하는 게 바람직한 리더십의 모습이다.

동료가 상사로부터 다른 동료들 있는 데서 야단을 맞으면 그 장면을 본 사람들은 '나는 안 그래야지'라고 생각하기보다 '해도 너무한다'고 생각하기 쉽다. 게다가 사무실 분위기도 서먹서먹해지기 일쑤다. 그러니 현명한 상사라면 누군가를 본때로 야단치는 일은 삼가야 한다. 화를 내거나 야단치면 순간적으로 자신은 카타르시스를 경험하지만 그 파급 효과는 부메랑처럼 자신에게 되돌아온다는 사실을 염두에 두어야 할 것이다.

37
우리가 유행을 따르는 이유

● 동조 실험 ●

가만히 생각해보면 유행이란 참 이상하다. 파격적인 머리 모양을 하거나 특이한 넥타이를 매거나 독특한 스커트를 입거나 하는 것은 모두 자신을 돋보이게 하기 위함이 아닌가. 하지만 그 것이 일단 '유행'이 되는 순간 자신만의 개성은 모두 사라지고 만다. 그런데도 사람들은 '유행에 뒤처졌다'는 말을 듣기 싫어하면서 열심히 다른 사람의 취향이나 스타일에 '동조'하려고 안간힘이다. 왜 그럴까?

사람은 혼자 있을 때와 다른 사람과 함께 있을 때의 행동이 다르다. 사회란 하나의 커다란 장Field이고, 사람들은 그 속에서 서로 영향을 주고받으며 사는 사회적 동물이기 때문이다. 전기의 자기장 속에 쇳조각 하나를 집어넣으면 이는 단순히 쇳조각 하나를 더한 것에 그치지 않고 전체적인 역학 구조를 바뀌게 한다.

정신현상이나 사회현상도 마찬가지다. 전체가 하나의 커다란 장을 형성하고 있기 때문에 조그만 변화일지라도 행동이나 정신에 영향을 미치는 것이다. 빈 강의실에서 친구들과 이야기를 나누고 있는데 낯선 사람이 들어왔다고 하자. 모든 신경이 그쪽으로 쏠리고, 하던 얘기도 잠시 중단할 것이다. 그리고 그 사람이 별로 위협적이지 않거나 다음 수업 시간을 준비하러 온 학생이라는 판단이 되고 난 뒤에야 그들은 하던 이야기를 이어서 할 것이다.

이처럼 타인의 존재나 행동이 개인의 행동에 미치는 효과를 포괄적으로 '사회적 영향Social Impact'이라고 한다. 또, 이런 사회적 영향 중에는 유행과 같이 어떤 구체적인 압력이 없는데도 불구하고 사람들이 남들의 행동을 모방하거나 행동에 동조하는 경향이 포함되어 있는데, 이를 애쉬는 실험을 통해 검증하고 있다 (1951).

애쉬는 다음 그림과 비슷한 막대선분을 준비, 한 장에는 표준막대(X)를 제시하고, 다른 장에는 표준 막대와 같은 크기의 막대(B)와 그보다 크거나(A) 작은 막대(C)를 비교막대로 각각 제시했다. 그리고 4명의 피험자에게 표준막대와 같은 크기의 선분을 고르라고 했다.

피험자들은 일렬로 앉았고, 앉은 순서대로 대답하게 되어 있다. 이때 실제로 실험대상이 되는 피험자는 네 번째에 앉았다. 다른 3명은 가짜로서, 사전에 실험자가 지시한 대로 대답을 하도록 한 실험 조수였다. 그러나 진짜 피험자는 이러한 사실을 전혀 몰랐다.

처음 몇 번의 시행에서는 조수들도 정답을 맞혔다. 먼저 바람잡이 노릇을 한 것이다.

그러다가 몇 번의 시행이 지나고 난 뒤에 상황을 슬쩍 바꾸었다. 아래와 같은 종류의 그림에서 첫 번째 조수가 정답이 A라고 대답했고, 두 번째 세 번째 조수도 틀린 답을 말했다. 그러자, 네 번째에 앉아 있던 실제 피험자는 당황하기 시작했다. 그리고는 잠시 멈칫거리다가 실제 피험자 역시 A라고 대답하고 말았다.

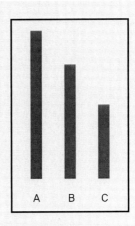

· 애쉬 실험에서 사용되었던 표준막대와 비교막대의 예 ·

실험 과정에서 피험자들은 다른 사람들에게 동조하라는 어떤 구체적인 언급이나 요구도 받지 않았다. 그런데도, 똑같은 길이의 막대를 찾는 것과 같이 답이 분명한 상황에서도 무려 35%의 피험자들이 다른 사람들에 휩쓸려 틀린 대답을 했다.

이 실험은 사람들이 잘못된 게 무엇인지 분명하게 알 수 있는 상황에서도 남들을 속없이 따를 수 있음을 보여주고 있다. 그럴진대, 멋이나 매력과 관계가 깊은 유행의 경우 동조량이 크게 늘어나는 것은 어찌 보면 당연한 일이다.

하지만 이러한 동조는 단순히 유행 수준을 넘어 미국과 같은 배심원제에 의한 재판에서는 문제가 될 수 있다. 속없는 배심원이 다른 배심원들의 결정에 무의식적으로 동조한다면 재판이 왜

곡될 수도 있다. 우리나라의 경우에도 대법원 판결 과정에서 다른 대법관의 판단에 동조하는 현상이 빚어질 가능성을 무시할 수 없다.

시류에 휩쓸리거나 남의 눈치만 보는 사람이 아니라, 뚜렷한 주관과 고집을 가진 사람이 아쉬운 현실에서, 이러한 동조실험이 시사해 주는 바는 결코 작지 않다.

심리학 상자

셰리프Muzafer Sherif의 첫 동조실험(1935)

심리학에서 더욱더 고전적인 동조실험은 셰리프에 의해 행해졌다. 셰리프는 대학생들을 캄캄한 방으로 데리고 가서 한 개의 불빛을 보여주었다. 실험자는 피험자들에게 불빛이 움직이고 있다고 말하며, 그 불빛이 얼마나 움직였는가를 추정하라고 요구했다. 이는 자동운동 현상autokinetic phenomenon이라는 지각적 착시를 이용한 실험이다.

피험자들은 자신의 입장에 확신을 가질 수 없는 애매모호한 상황이었다. 어떤 사람들은 불빛이 2.5cm나 5cm 정도 움직였다고 판단하는가 하면 어떤 사람들은 24m나 움직였다고 판단했다. 여기에는 실험 협조자의 판단이 영향을 미쳤다.

가령, 피험자의 최초 판단이 40cm를 움직였다고 보고했을 때 실험 협조자가 5cm 정도 움직였다고 하면 그다음 시행에서 피험자는 자기의 측정치를 낮추는 경향이 있었고, 실험 협조자가 20m를 움직였다고 하면 그다음 시행에서 피험자는 자기의 측정치를 크게 하는 경향이 있었다.

이러한 절차를 몇 번 거치자 피험자와 실험협조자의 거리는 종국에 가서 거의 일치하게 되었다.

1. 닻 내리기 효과 Anchoring Effect : 동조실험에 따르면 사람들은 애매한 상황이건 분명한 상황이건 간에 남들과 자신을 비교하면서 판단을 내리는 경향이 있다. 나아가 사람들은 제시된 질문에 근거해서 가치판단을 내리는 경향이 있는데 이를 닻내리기 효과라고 한다. 가령, '당신은 한강의 길이가 1,500km보다 길다고 생각합니까 짧다고 생각합니까?'라는 질문과 '당신은 한강의 길이가 150km보다 길다고 생각합니까, 짧다고 생각합니까?'라는 질문에 대한 답을 비교하면 전자의 경우가 후자의 경우보다 한강의 길이를 훨씬 더 길게 판단하는 경향을 보인다.

2. 집단 크기와 동조 : 애쉬는 실험실에서 집단의 크기를 2에서 16명까지 변화시키면서 집단의 동조량을 비교했다. 그 결과 집단의 크기가 3~4명일 때 최대의 동조를 얻어냈다. 그러나 실제 거리나 지하도와 같은 곳에서는 동조자가 많을수록, 즉 집단 크기가 커질수록 동조량이 많아진다. 이러한 현상은 밀그램과 동료들의 '하늘 바라보기' 게임에서 잘 나타났는데, 뉴욕 시에서 실험 협조자들이 길 건너편 60층 창문을 올려다보았을 때 동조자가 증가할수록 동조량도 늘어났다. 이러한 사실은 실험실과 현장에서 나타나는 동조 현상이 다를 수 있음을 보여준다(1969).

38

사람과 사람이
모여 사는 이유

● 군집 실험 ●

사람이 서로 모여 사는 근본적인 이유는 뭘까? 그것은 두려움을 회피하기 위함이다. 사람들이 사회라는 테두리를 벗어나 완전히 고립된 생활을 하지 못하는 것은 바로 이 두려움 때문이다.

사람들이 모여 살고 사회적 행동을 하는 것은 두려움을 극복하고 생존하려는 본성적인 동기가 있기 때문이다. 사람들이 모이고 상호작용하려는 이러한 본성적 동기를 '친화 동기Affiliation Motive'라고 한다. 또한 사람들은 타인과 비교함으로써 자신을 평가하고자 하는 '사회비교 동기'를 가지고 있다. 이러한 친화 동기와 사회비교 동기가 어우러져, 사람은 사회적 동물이 되는 것

197

이다. 이러한 과정을 샤흐터Stanley Schachter의 실험을 통해 만나 보기로 하자(1959).

Psycho **LAB**

샤흐터는 여대생 피험자들을 대상으로 일련의 실험을 실시해 사람들의 친화동기를 설명하려고 했다. 실험실은 다양한 전기장 치들로 둘러싸여 있었다.

한 집단의 피험자들에게는 실험이 고통스럽고 몸에 해로운 전기충격 실험이라고 일러주면서 강한 공포를 일으켰고, 다른 집단의 피험자들에게는 간지러울 정도의 전기충격 실험이라고 일러주면서 약한 공포를 일으켰다. 두 집단의 피험자들은 실험 을 시작하기 전에 약 10분 정도 대기실에서 기다려야 했는데, 그때 피험자들에게 혼자 있는 대기실과 여러 명이 함께 있는 대 기실 중 어디에서 기다리겠느냐고 물었다.

그 결과 강한 공포를 일으킨 집단의 경우 여러 사람이 기다리 는 대기실에서 기다리겠다고 대답한 수치가 약한 공포를 일으킨

조건	대기실 선호도			
	함께	아무렇게나	혼자	전체
높은 공포	62.5%	28.1%	9.4%	100.0%
낮은 공포	33.0%	60.0%	7.0%	100.0%

집단보다 두 배 정도 높게 나타났다. 약한 공포를 일으킨 집단은
아무 곳에서나 기다리겠다고 대답한 사람이 가장 많았다.

이 실험은 사람들이 공포를 느낄수록, 즉 두려움을 느낄수록
서로 모이려는 친화 동기를 더 발휘하며, 그 결과 사회를 구성하
게 되는 것임을 보여주고 있다.

사람들이 사회를 형성하게 되는 이유는 두려움을 감소시키
고, 서로의 모습을 비교해가며 자신의 모습을 파악하기 위함이
다. 또한 사회를 형성함으로써 자기 자신의 감정과 비슷한 상황
에 처해 있는 다른 사람들과 비교할 수 있는 이점도 있다. 때로
우리는 어떤 상황에 놓여 있고 그 상황 속에서 어떻게 반응해야
할지 불확실할 때가 있다. 이 경우 사람들은 정보원으로서 타인
들을 살펴보고, 그 사람이 떨고 있으면 같이 떨고, 웃으면 같이
웃는다. 어떤 상황인지를 명확히 파악하지 못할 경우 사람들은
자기와 비슷한 처지에 있는 동병상련의 심정을 나눌 수 있는 사
람들과 어울리게 되는 것이다(페스팅거Leon Festinger, 1954).

대인관계에서 얻을 수 있는
6가지 이점(바이스Robert Weiss, 1974)

1. 애착 : 가장 친한 관계에서 느낄 수 있는 안전하고 안락한 느낌으로, 부모-자녀, 연인, 부부, 친한 친구관계에서의 친밀감 등이 여기에 속한다. 대인관계는 사람들에게 정서적 안정감을 제공해준다.

2. 사회적 통합 : 공통의 흥미와 태도, 취미를 갖고 있다는 느낌으로, 흔히 친구, 동료, 팀원들과의 관계 속에서 생긴다. 어떤 공동체에 대한 소속감을 얻음으로써 고독감, 소외감을 느끼지 않게 된다.

3. 가치의 보증 : 가치의 보증은 유능하고 가치 있는 인물이라는 느낌을 사람들이 인정하고 지지해줄 때 나타난다. 대인관계 속에서 자신에 대한 자긍심을 얻도록 해준다.

4. 믿음과 유대감 : 필요할 때 자기 자신을 도와줄 사람들이 있다는 느낌.

5. 지도를 받는 것 : 사람들은 어렵거나 혼란에 빠졌을 때 대인관계를 통해 친구, 교사, 상담자, 의사, 선배들로부터 지도를 받을 수 있는 이점이 있다.

6. 사회봉사의 기회 : 남을 도와줌으로써 자신이 사회에서 필요

하고 중요한 존재라는 느낌을 받는다. 이러한 기회는 타인의 복
지에 책임과 사명감이 있을 때 생긴다

39

부드러운 처벌이
더 위력적이다

● 위협의 효과 ●

사람들에게 어떤 일을 하지 못하도록 하는 가장 간단한 방법은 상대방에게 처벌의 위협을 주는 것이다. 위협을 받을 경우 사람들의 행동은 다소간의 차이는 있겠지만 변하기 마련이다.

아이들이 말을 듣지 않으면 부모는 야단을 치거나 회초리를 들어 위협을 주고, 시민들이 교통법규를 지키지 않으면 경찰은 법에 따라 처벌을 하고, 학생들이 학교 규칙을 지키지 않으면 교사는 교칙에 따라 제제를 가한다. 이러한 모든 것은 상대방을 위협함으로써 상대방의 태도와 행동을 변화시키려는 시도다.

그렇다면 어느 정도의 위협이 가장 효과적일까? 위협이 강하고 무서울수록 효과도 당연히 높아지게 되는 것일까? 이러한 물음에 답하기 위해 애론슨과 칼스미스_{Merill Carlsmith}는 아동을 대상으로 실험을 했다(1963).

Psycho **LAB**

아이들에게 한 소쿠리 가득 장난감을 보여주고 나서, 그중 한 장남감은 가지고 놀지 못하게 했다. 아이들은 그 특정 장난감을 가지고 놀면 약한 처벌을 받게 될 것이라는 위협을 받거나(약한 위협 조건) 심한 처벌을 받게 될 것이라는 위협을 받았다(강한 위협 조건). 그 결과 아이들은 위협의 수준과 상관없이 장난감을 가지고 놀지 않았다. 두 가지의 위협이 그러한 행동을 하지 못하게 할 만큼 강했기 때문이다.

그런 다음 두 조건의 아이들에게 금지된 장난감을 어떻게 생각하는지 물어보았다. 그랬더니 약한 위협을 받은 아동들은 그 장난감이 별로 재미없다고 평가절하했다. 장난감을 가지고 놀지 못한 게 위협 때문이 아니라 장난감이 재미없기 때문이라고 해석한 것이다. 반면에 강한 위협을 받은 아동들은 위협 때문에 그 장난감을 가지고 놀지 못한 것이라고 대답했다.

실험 몇 주 후에 아이들이 다시 장난감을 가지고 노는 모습을 관찰했더니 약한 위협을 받았던 아이들이 강한 위협을 받았던 아이들보다 금지된 장난감을 외면하는 경향이 더 짙었다.

조건	금지된 장난감을 평가절하하는 비율	시간경과 후 장난감을 가지고 노는 비율
약한 위협	36%	29%
강한 위협	0%	67%

· 표, 위협의 정도가 금지된 행동에 미치는 영향 ·

이 실험 결과는 아동들의 태도와 행동을 바꾸는 데 있어 처벌의 위협이 반드시 클 필요가 없음을 가르쳐주고 있다. 최소한의 위협을 받을 때가 오히려 가장 효과적이었던 것이다.

이 현상은 성인들에게도 마찬가지다. 예를 들어, 누군가 어떤 가벼운 죄를 저질렀는데 그에 맞는 합당한 처벌이 아닌 중형을 받는다면 죄수는 자신의 태도와 행동을 변화시키기는커녕 오히려 반발함으로써 약한 처벌을 받았을 때보다 훗날 더 많은 범죄를 저지를지도 모른다. 강한 처벌만이 능사는 아니다. 때로는 부드러운 처벌이 더 효과적일 수 있다.

40
샐러리맨의 생명은 샐러리

● 크레스피 효과 ●

최달수 씨는 지난달에 고객이 준 서류를 잘못 관리해 분실하고 말았다. 그 대가로 그는 3개월간 감봉 조치를 받았다. 그러나 달수 씨는 자신이 잘못한 것을 반성하라는 그런 조치가 몹시 못마땅했다. 그리 중요한 서류도 아닌 데다 그 서류를 다시 발급해 주었기 때문에 고객이 입은 피해는 사실상 아무것도 없었다. 그런데도 평소 자신을 곱지 않게 보던 김 부장이 앙심을 품고 징계를 건의한 거라고 생각했다. 그러니 최달수 씨에게 감봉 조치가 효과 있을 리 만무하다.

공무원 사회나 일반 기업체나 간에 잘못이 있거나 과실이 있으면 그에 상응하는 징계를 받는다. 그런 처벌 중의 하나가 감봉 조치다. 감봉 액수가 얼마든지 그런 징계를 받는 당사자들에게 는 심각한 사태다. 그것이 과연 효과적일까.

감봉 당사자가 반성하고 이후의 업무 수행을 잘한다면 다행 이지만 오히려 업무 수행 능력이 떨어질 가능성이 크다. 그런 가 능성은 이미 동물 실험에서도 입증된 바 있다.

Psycho **LAB**

크레스피Leo Crespi는 쥐에게 완전한 학습을 시켜놓고 보상량 을 변화시켰다. 1집단에게는 처음에 적은 보상을 주며 직선 길 을 달리는 훈련을 시켰다. 그리고 어느 정도 훈련이 된 후에 처 음보다 많은 보상을 주었다(보상증가 집단). 2집단에게는 처음부 터 많은 보상을 주며 직선 길을 달리는 훈련을 시켰다. 그리고 어느 정도 훈련이 된 후에는 처음보다 적은 보상을 주었다(보상 감소 집단). 3집단에게는 처음부터 끝까지 똑같은 양의 보상을 주 었다(통제 집단).

그 결과 1집단의 달리는 속도는 어느 정도 증가했지만 2집 단의 달리는 속도는 급격히 떨어졌다. 그러나 통제 집단인 3집 단의 달리는 속도는 변함이 없었다(크레스피와 지먼David Zeaman, 1949).

결국 보상량의 변화에 따라 수행의 성과도 변한 것이다. 특히 낮은 보상에서 높은 보상으로 변하는 것은 수행을 촉진시켰지만, 높은 보상에서 낮은 보상으로 변하는 것은 수행을 급격히 떨어뜨렸다. 이렇게 보상의 방향에 따라 수행의 성과가 급격히 변하는 현상을 연구자의 이름을 따서 '크레스피 효과Crespi Effect'라고 한다.

최달수 씨의 경우 자신의 잘못을 인정하기는커녕 자신이 상사의 편견 때문에 피해를 당했다고 생각하는 마당에 그에게 내려진 감봉 조치는 오히려 부작용을 낳을 가능성이 크다. 월급을 가지고 징계하거나 행동 변화를 시도하는 것은 바람직하지 않다. 월급이 줄어드는 것을 좋아할 샐러리맨은 없기 때문이다. 생계가 달려 있는 월급을 줄이는 것으로 징계를 하는 일은 개인과 조직 모두에게 더 큰 손실을 가져올 수 있으므로 그런 징계 방법은 신중하게 적용되어야 한다. 샐러리맨의 생명은 샐러리다. 생존권을 위협해서야 어떻게 징계 효과가 있겠는가? 반발만 더 커져 태업을 하거나 아예 조직을 떠나버리고 말 것이다. 그렇지 않으면 적당히 버티면서 회사 돈만 축내든지. 그러니 공식적인 감봉 조치와 같은 징계는 한 번 더 생각해보고 실행하는 게 좋다.

41
행동으로 거짓말을
읽어낼 수 있을까

● 거짓말 탐지 실험 ●

"모든 사람이 거짓말을 한다. 매일, 매시간, 깨어 있거나, 잠을 자거나, 꿈속에서도, 기쁠 때도, 슬플 때도." 소설 『허클베리 핀의 모험』으로 널리 알려진 마크 트웨인이 거짓말에 관해 남긴 말이다. 그런데 만약 어떤 사람이 태어나서 한 번도 거짓말을 하지 않았다고 한다면 그 말은 과연 얼마나 믿을 만한 것일까? 아마도 대부분은 그 말 자체가 거짓말이라고 생각할 것이다. 의식하든 의식하지 않든 누구나 조금씩은 남을 속이는 경우가 있다. 그러나 말(언어적)로는 거짓말을 하더라도 자신의 진정한 정서나 의도는 다른 행동(비언어적 단서)을 통해서 드러난다. 에크맨Paul

Ekeman은 이러한 현상을 '비언어적 누출Nonverbal Leakage'이라고 표현했다.

비언어적 누출은 사람들이 거짓말을 할 때 불안, 긴장, 초조와 같은 감정 상태가 비언어적 단서들을 통해 드러나는 것을 말한다. 면접을 앞두고 긴장하지 않은 듯 보이려고 해도 두 다리를 계속 교대로 꼬거나 넥타이를 매만지고 머리를 만지작거린다면 그는 긴장하고 있는 것이다. 또한 음성이 고조된다거나 평소보다 말실수가 잦고, 진지함이 결여된 대답들도 거짓말을 하고 있다는 사실을 노출시킨다.

그렇다면 사람들은 거짓말을 하는 것을 얼마나 잘 탐지해낼 수 있을까? 이를 알아보기 위해 크라우트와 포우Donald Poe는 다음과 같은 실험을 했다(1980).

Psycho **LAB**

비행기 여행자들에게 몇 가지 밀수품을 몰래 통과시켜보도록 부탁했다. 참가자들은 뉴욕의 시라큐스 비행장을 떠나는 비행기를 기다리던 사람들이었다.

어떤 사람들은 '밀수꾼' 조건에 선정되어, 흰 가루가 든 작은 주머니나 소형 카메라와 같은 밀수품을 옷 안에 숨겨서 옮겨달라는 지시를 받았다. 만약 세관 검사원에게 들키지 않고 통과했을 경우 100달러까지 보상금을 주기로 했다. 다른 조건의 피험자들은 아무런 밀수품도 제공받지 않았다. 과정은 비디오로 녹화되어 분석되었다.

실험자들은 비디오를 전문적인 검사원 집단과 일반인 집단에게 각각 보여주며, 어떤 여행자가 거짓말을 하는지를 맞혀보게 했다.

그러나 두 관찰자 집단 모두 누가 거짓말을 하는지 알아내지 못했다. 거짓말하는 여행자와 정직한 여행자의 언어 및 비언어적 행동에서 어떤 차이도 발견해내지 못했던 것이다. 관찰자들은 겉으로 나타나는 안절부절못함, 짧은 대답, 대답에 걸리는 시간, 신체의 많은 움직임, 검사원과의 눈 접촉 회피 등이 밀수꾼을 판단하는 단서라는 데는 높은 일치를 나타냈다. 그러나 그러한 일치는 거짓말 탐지에 별로 도움되지 않았다. 그것은 단지 하나의 고정관념에 불과했다.

거짓말을 탐지하는 것은 커뮤니케이션 중 비언어적인 커뮤니케이션에 속한다. 그러나 비언어적 단서들은 커뮤니케이션에 도움을 주기는 하지만 상식적으로 알려진 것과는 다르게 남들의 내부 심리 상태를 파악하는 데는 그다지 유용한 정보를 제공해주지 못한다. 다른 사람들의 내부 심리상태를 정확하게 파악하기 위해서는 다른 부가적인 정보가 필요한 것이다.

의사전달 채널에는 세 가지가 있다. 언어적, 가시적, 부언어적 채널이 그것인데, 심리학자들은 어떤 채널이 사람들의 진정한 내면을 파악하는 데 효과적인지를 연구했다. 그 결과 언어적이거나 가시적이거나 부언어적인 것만을 개별적으로 가지고는 상대방의 감정이나 의도를 정확히 파악해 낼 수는 없다는 사실을 알아냈다. 가령, 당신이 존경하는 상사가 당신의 손을 잡는 것과 지하도에서 낯선 이가 갑자기 당신의 손을 잡는 의미가 다르고, 똑같은 말도 어떠한 어조로 어떤 분위기에서 듣느냐에 따라 달라진다. 결국 다른 사람의 내면세계는 전체적인 맥락 속에서 파악하는 것이 가장 중요하다.

해외여행을 처음 하는 사람과 자주하는 사람의 행동거지가 다를 수 있고, 외국어를 잘하느냐 못하느냐에 따라서도 사람들의 표정과 눈빛이 달라질 수 있다. 과연 그러한 비언어적 단서만으로 밀수꾼을 탐지해낼 수 있을까? 앞의 실험에서도 보았듯이 비언어적 누출을 통해 타인의 내면을 정확히 파악하기는 힘들다. 그러므로 비언어적 커뮤니케이션으로 밀수꾼을 탐지해내기란 쉬운 일이 아니다. 그러므로 사람들의 거짓말을 밝혀내야 하는 직업에 종사하는 분들이라면 꼭 이러한 사실을 유념해둬야 할 것이다.

가시적 채널을 통한 의사전달

1. 거리

일반적으로 서로의 거리가 가까운 사람들은 친하거나 친하게 보이기를 원하는 매력을 느끼는 사람들이다. 보통 설득은 1m 이내에서 하는 것이 효과적이며, 일상적인 대화는 50~120cm의 거리가 상대방의 긴장을 초래하지 않는다.

2. 제스처

신체 언어의 대표적인 형식이다. 손짓, 끄덕거림, 손바닥을 내보이는 것과 같은 제스처는 모두 의사전달에서 중요한 요소다.

- 손짓과 손바닥의 노출 : 지나치게 자주 높게 흔들면 경박하거나 과장된 느낌을 줄 수 있다. 또 손바닥은 상대방의 말을 제지하거나 상대방의 말에 반대하는 느낌을 주므로 의사소통에서 손바닥의 노출은 삼가는 것이 좋다.

- 끄덕거림 : 적당히 머리를 끄덕거림으로써 상대방의 말을 경청하고 있다는 인상을 심어주는 것도 중요하다.

3. 눈 접촉

장시간의 눈 접촉은 상대방에 대한 호감의 표시다. 시선을 돌리

면 그것은 거부의 표시이거나 부끄럽거나 겁을 먹고 있다는 뜻
이다. 또한 이야기 중에 상대방의 눈이 자꾸 딴 곳을 향한다면
상대방이 현재 이야기에 관심이 없다는 의미이거나 불만의 표시
이므로 화제를 바꾸는 것이 좋다.

42

죄수의 딜레마 게임

● 합영갈등과 비합영갈등 ●

인생은 갈등의 연속이다. 어떤 것을 먹어야 할지, 어떤 옷을 입어야 할지, 어떤 대학을 가야 할지, 누구를 배우자로 선택해야 할지 끊임없는 갈등이 펼쳐진다. 대개 갈등은 양립할 수 없는 두 가지 조건이나 두 사람 사이에 이해가 충돌할 때 발생한다.

갈등은 크게 한쪽이 이득이 되면 다른 쪽은 손해를 보는 '합영 갈등Zero-Sum Conflict'과 양쪽 모두에게 이득이 되는 쪽으로 해결될 수 있는 '비합영 갈등Non-Zerosum Conflict'으로 구분된다.

비합영 갈등의 경우, 언뜻 보기에는 합영 상황처럼 한쪽의 이득이 상대편에 손해가 되는 것 같지만 사실은 양쪽 모두 이득을 얻을 수 있는 방법이 존재한다. 이런 경우를 잘 나타내주는 상황이 '죄수의 딜레마 게임Prisoner' s Dilemma Game'이다.

죄수의 딜레마 게임에서 공범 간의 의사소통은 서로에게 영향을 미치게 된다. 이러한 점을 위치맨Harvey Wichman은 실험을 통해 살펴보았다(1972).

Psycho **LAB**

검사는 조사받고 있는 사람들이 강력 범죄를 저질렀다는 심증을 가지고 있긴 하지만 증거를 찾지 못했다. 그래서 죄수들을 각각의 방에 넣고 자백을 받아내려고 한다. 그들의 선택은 두 가지(자백하느냐 안 하느냐)이지만 그들이 나타낼 수 있는 결과는 네 가지다.

첫째, 만약 둘 다 자백하지 않으면 검사는 강력범죄로 처벌하지 못하고 가벼운 범죄로 1년형을 구형한다. 둘째, 죄수 김두환이 자백하고 죄수 이태우가 자백하지 않으면 김두환은 그 대가로 석방되지만 이태우는 15년을 감옥살이해야 한다. 셋째, 반대로 이태우가 자백하고 김두환은 자백하지 않으면 이태우는 석방되고 김두환은 15년을 감옥살이해야 한다. 넷째, 둘 다 자백하면 그들은 모두 10년을 감옥살이해야 한다.

		죄수 김두환	
		자백 안 함	자백함
죄수 이태우	자백 안 함	모두 1년	김두환 석방 이태우 15년
	자백 함	이태우 석방 김두환 15년	모두 10년

· 전형적인 죄수의 딜레마 게임 상황 ·

이 경우 두 사람에게 최대의 이익은 둘 다 자백하지 않고 둘다 1년형만 치르는 것이다. 따라서 서로 상대방을 신뢰할 경우그들은 자백하지 않을 것이다. 그러나 딜레마는, 한 사람이 나머지 다른 한 사람을 완전히 믿고 있을 경우, 그 사람을 배반해서 혼자만 자백하면 최대의 이익을 얻을 수 있다는 데 있다. 반대로 상대방만 자백해서 풀려나면 자신도 함께 자백했을 때보다5년을 더 감옥살이해야 한다.

이러한 상황을 게임으로 설정해서, 각 경기자는 서로 이야기하지 않고 두 전략 중에 하나를 택해야 한다. 각 경기자의 소득은 두 사람 모두에 달려 있다. 이때 최대의 이득은 서로 협동하는 것인데도 불구하고, 일반적으로 사람들은 협동하지 않고 경쟁한다.

실험자는 죄수의 딜레마 상황을 두 사람의 관계에 따라 구분했다. 쌍방이 서로 보고 들을 수 있는 경우(시청각 조건), 들을 수만 있는 경우(청각 조건), 볼 수만 있는 경우(시각 조건), 볼 수도 들을 수도 없는 경우(소통차단 조건)가 그것이었다. 그리고 각각의 조건에서 협동이 얼마나 일어나는지를 관찰했다.

그 결과 시청각 조건의 협동비율은 87%, 청각 조건은 72.1%, 시각 조건은 47.7%, 소통차단 조건은 40.7%로 각각 나타났다.

이 결과는, 상대방의 선택을 추측할 수밖에 없는 상황에서 사람들은 자기보호적 기제로 경쟁을 택할 가능성이 높지만, 상대의 우호적인 의도를 시청각으로 확인할 수 있는 경우에는 협동을 선택할 가능성이 높다는 사실을 보여주었다. 결국 갈등을 해소하고 협동을 유발하기 위해서는 상대방과의 의사소통이 중요한 요소로 작용하는 것이다.

이러한 의사소통 문제를 제쳐놓고라도, 사람들이 언제 경쟁하고 협동하는가를 결정하는 요인에는 여러 가지가 있다. 사람들은 보수구조가 있을 때는 일단 경쟁을 선택하고, 개인주의 문화와 도시에서 자란 사람들은 더 경쟁적이다. 또한, 성격이 경쟁적이거나 개인주의적인 성향을 가진 사람이나 큰 집단에 속한 사람은 협동보다 경쟁을 선택한다. 하지만 무엇보다도 가장 중요한 요인은 '상호성'이다. 사람은 누구나 상대방의 행동에 따라 그에 맞는 대응을 하기 마련이기 때문이다.

우리는 여기에서 한 가지 염두에 두어야 할 게 있다. 그것은 서로 최대의 이익을 얻을 수 있는 상황에서 상대방이 일시적으로 경쟁했다고 나도 끝까지 경쟁하는 것은 둘 다 망하는 지름길이란 사실이다. 그것은 옆 차선의 차가 자기를 앞질렀다고 끝까지 쫓아가다 사고를 당하는 것과 다를 바 없다. 지혜로운 사람이라면 '둘 중 하나만 이득을 얻을 수 있는 상황'인지 '둘 다 이득을 얻을 수 있는 상황'인지 명확하게 파악하고, 눈앞의 이익과 감정에 얽매이는 어리석음을 범하지 않도록 유의해야 할 것이다.

죄수의 딜레마 게임에서
가장 효과적인 선택전략(액셀로드Robert Axelord, 1984)

죄수의 딜레마 게임에서 최대의 점수를 딸 수 있는 방안은 '되받기 전략Tit-for-Tat strategy'이다.

1. 우선 싸움을 먼저 걸지 말라 : 먼저 경쟁적 선택을 하지 말고 항상 협동해야 한다. 그리고 상대방이 협동하는 것을 이용하지 않아야 한다.

2. 상대방의 경쟁에 대하여 지속적으로 복수하지 말라 : 상대방이 경쟁을 유발했다고 하여 두고두고 복수하지 말고, 단 한 번의 보복으로 끝내야 한다.

3. 상대방에게 계속 이용당하지 말라 : 상대가 경쟁하면 즉각 경쟁하고 상대가 협동으로 돌아서면 즉각 협동으로 돌아서는 것이 가장 효과적인 선택전략이다.

43
이럴 때 사람은
공격행동을 한다

● 욕구좌절과 분노 ●

하루를 지내다 보면 몇 번씩이나 화나는 일을 겪게 된다. 출근길 지하철에서 이리저리 밀리고, 운전 중에 다른 차가 갑자기 끼어들고, 회사에 출근하니 상사가 일을 독촉하고, 퇴근길에 술 한잔 하는데 옆자리에 앉은 사람이 뭘 보느냐고 시비를 건다. 그러나 사람들은 화가 나도 그 감정을 다 표현할 수 없다. 무능해서도 아니고 못나서도 아니다. 그것은 사람들이 다른 사람들과 조화를 이루며 살아가야만 하는 사회적 동물이기 때문이다.

그럼에도 불구하고 분노를 참지 못하고 터뜨리는 사람들도 적지 않다. 교도소와 구치소는 항상 사람들로 가득하고, 매 맞는 아내와 남편, 학대받는 아동, 강간 피해자, 폭행 피해자들이 억울함을 제대로 하소연도 못하고 살아가는 일들이 허다하다.

사람들이 자신을 보호하기 위해 선천적으로 공격성을 가지고 있는 것인지, 아니면 후천적으로 공격성을 획득하는 것인지에 대해서는 논란이 많다. 프로이트와 맥도걸, 로렌츠와 같은 심리학자들은 공격성이 본능적인 것이라고 주장하고, 반두라와 같은 행동주의 심리학자들은 공격성이 후천적으로 학습되는 것이라고 주장한다.

심리학자들은 사람들이 어떤 상황에서 분노의 감정을 느끼고 공격행동을 표현하는가를 놓고 많은 연구를 했다. 한 가지 분명한 것은, 일반적으로 사람들은 다른 사람들로부터 의도적인 공격을 받았다고 느끼거나 자기가 얻고자 하는 것을 얻지 못했을 때 분노를 느낀다는 점이다. 특히 욕구좌절frustration은 분노의 주된 원인이라고 할 수 있다.

욕구좌절은 목표달성이 방해되거나 막히는 것을 말한다. 만일 누군가 어떤 곳을 가기를 원하거나, 어떤 행위를 하려고 하거나, 무언가를 얻고자 하는데 그러한 일을 할 수 없거나 못하게 되면 그 사람은 욕구가 좌절되었다고 할 수 있다. 돌라드John Dollard는 이러한 욕구좌절이 공격성의 원인이라는 '욕구좌절 공격가설'을 주장한 바 있다(1939).

욕구좌절이 공격행동으로 이어지는 것을 설명하기 위해 바커Roger Barker, 뎀보Tamara Dembo, 레빈Kurt Lewin 등은 '욕구좌절 공격 실험'을 실시했다(1941).

실험자들은 한 집단의 아이들에게 매력 있는 장난감들로 꽉
찬 방을 보여주었다. 들어가는 것은 허락하지 않았다. 아이들
은 장난감을 가지고 놀고 싶었지만, 직접 손으로 만질 수는 없었
다. 아이들을 좌절시킨 것이다. 그렇게 한동안 기다리게 한 후
에 장난감을 가지고 놀게 해주었다. 다른 집단의 아이들에게는
처음부터 장난감을 가지고 놀게 했다.

그 결과 욕구좌절이 있었던 집단의 아이들은 장난감을 바닥
에다 내팽개치거나 벽에다 집어 던지는 등 매우 파괴적으로 행
동했다. 그러나 욕구좌절이 없었던 집단의 아이들은 훨씬 더 조
용했고 공격적 행동의 빈도가 적었다.

이러한 실험 결과는 사회에서 일어나는 공격행동을 설명하는
데도 적용될 수 있다. 1994년 9월 우리나라에 출현했던 '지존파'
는 경제적 이유로 교육받을 기회를 잃고 좌절하면서부터 세상에
대한 증오를 키웠다고 한다.

불황기에는 거의 모든 사람이 욕구좌절을 경험한다. 사람들
은 일자리를 얻기 힘들고 필요한 물건을 살 수 없다. 기업가들

이 도산하고, 좀도둑이 들끓고, 생활의 모든 측면이 크게 제약을 받게 된다. 그 결과 여러 형태의 공격들이 일상적으로 일어나게 된다. 이러한 점은 민츠Alexander Mintz 등에 의해 명확히 설명된 바 있다(1946).

1882년부터 1930년까지, 미국 남부 지방의 목화 값 변동과 린치 발생 건수 사이에는 매우 높은 수준의 상관관계가 있다는 것이 발견됐다. 목화 값이 높을 경우에는 린치의 수가 적었으나, 목화 값이 낮을 때는 린치의 수가 매우 높았다. 목화 값의 하락은 불경기를 뜻한다. 즉, 불경기에 많은 사람이 욕구좌절을 경험했고, 공격적 행동을 보였던 것이다.

이러한 현상들은 작게는 집안일, 성관계, 사교활동, 금전 및 자녀 문제 때문에 나타나고 크게는 계층갈등 문제에 이르는 다양한 원인으로 인해 발생한다. 특히 실업자들의 가정이나 자녀 수가 많은 가정에서 욕구좌절에 의한 공격이 많이 나타나며, 노동계층에서 욕구좌절 공격이 자주 나타난다고 한다(스트라우스 Murray Straus, 1981).

이 이야기는 사회 구성원들이 욕구좌절을 느끼지 않을 수 있는 기반이 마련되어야 건강한 가정, 건강한 사회가 유지될 수 있음을 보여준다.

공격행동을 줄이려면

1. 처벌과 보복 : 공격행동을 했을 때 처벌받을 가능성과 보복당할 가능성이 높다고 지각하면 공격행동은 감소한다. 그러므로 사회에서 공격행동을 줄이려면 합리적이고 공정한 사법제도가 확립되어야 한다.

2. 욕구좌절의 감소 : 경제적 부가 고르게 나뉘는 평등 사회, 기회가 똑같이 제공되는 평등한 세상을 확립함으로써 욕구좌절의 가능성을 줄여야 한다.

3. 학습된 억제 : 공격성을 통제하는 방법을 학습시킨다. 가정교육이나 학교교육에서 공격에 대한 죄의식을 키워줌으로써 공격행동을 억제하도록 한다.

4. 전위 : 어떤 사람이 너무 강하거나, 눈앞에 없거나, 보복이 불안하고, 공격행동이 상당한 손실을 줄 것이라고 지각할 때는 공격의 대상을 바꾸게 된다. 마치 시어머니에게 야단맞은 며느리가 강아지 옆구리를 걷어차는 행동으로 공격성을 해소하는 것처럼 말이다.

5. 정화 : 프로이트가 주장한 개념으로, 공격적 에너지를 풀어냄으로써 공격성을 감소시킬 수 있다. 즉, 공격을 당하면 공격을 함으로써 공격성과 공격행동을 감소시킬 수 있다는 주장이다.

그러나 공격행동의 정화는 반드시 직접적일 필요는 없으며 간접적 방법(폭력물 시청, 스포츠, 오락 등)을 통해서도 가능하다.

44

소음은 사람을
어떻게 변화시킬까

● 소음과 도움행동 ●

최윤철 군은 대학 입학시험에 합격해 기분이 무척 좋다. 그래서 지하도에서 걸인을 만나면 선뜻 천 원짜리 한 장을 적선한다. 평소에는 껌을 파는 행상인의 부탁조차 들어주지 않던 윤철 군으로서는 커다란 변화가 아닐 수 없다. 한편, 사랑하는 사람과 심하게 다툰 강희경 양은 어머니가 설거지 좀 도와달라고 하자 벌컥 화를 내며 자기 방문을 쾅 닫고 들어간다. 평소에 집안일을 잘 돕던 희경 양의 그러한 행동 또한 뜻밖이다.

사람들이 누군가를 도와주는 것은 다양한 원인에 의해 결정된다. 사람의 성격과 기분, 당시의 상황, 갖고 있는 자원에 따라 사람의 도움행동은 수시로 달라질 수 있다. 심지어는 도시의 크기, 날씨 같은 요인도 상당히 중요하다. 가령, 대도시에 사는 사람보다 소도시나 시골에 사는 사람이 다른 사람을 더 잘 도와주고(아마토Paul Amato, 1983), 날씨가 좋지 않은 날보다 좋은 날, 그리고 밤보다는 낮에 사람들은 더 많은 도움행동을 하고, 팁도 더잘 준다(커닝햄Michael Cunningham, 1979). 물론 밤에 술집에서 주는 팁은 예외다.

도움행동에 영향을 끼치는 여러 요인 중에서도 특히 관심을 끄는 것은 '소음'이다. 시끄러울 때와 시끄럽지 않을 때, 어려움에 처한 사람들을 돕는 행동이 달라지기 때문이다. 이러한 사실을 실험으로 확인한 사람이 매튜스Kenneth Mathews와 캐논Lance Canon이다(1975).

Psycho **LAB**

피험자들이 모르는 한 실험 협조자가 서류 같이 생긴 종이들을 가지고 있다가 사무실 바닥에 떨어뜨렸다. 한 조건은 정상적인 실내 소음 수준(50~60db)이었고 다른 조건은 매우 큰 소음 수준(100db 이상)이었다. 이 연구에서 관심사는 두 조건에서 피험자들의 도움행동에 차이가 있는지였다. 실험 결과 피험자들은 정

상의 실내 소음에서 매우 큰 소음의 경우에 비해 2배 정도나 더 많은 도움행동을 했다.

이러한 실험 절차를 현장에 적용해보았다. 팔에 깁스를 한 남자가 책을 들고 걸어가다가 떨어뜨렸을 때, 매우 시끄러운 공사 소음 상황일 경우보다 일상적인 소음 상황에서 사람들은 5배 이상이나 많은 도움행동을 보여주었다.

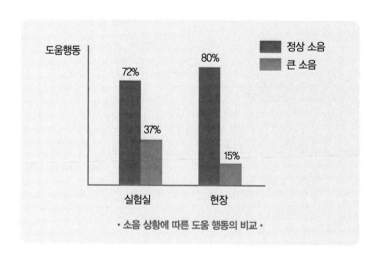

· 소음 상황에 따른 도움 행동의 비교 ·

이 실험은 소음이 심한 환경이 주변 사람들을 무시하게 하고 그 상황을 빨리 떠나려는 마음을 갖게 만들어, 다른 사람들을 덜 도와주게 한다는 사실을 보여주었다.

일반적으로 소음에 관한 연구들에 따르면 소음은 기억력을 떨어뜨리고, 주의집중을 나쁘게 한다. 또한 소음이 심할수록 사람들의 공격성이 자극될 가능성도 커진다. 즉, 소음은 도움행동뿐만 아니라 작업 능률, 사회적 행동에도 영향을 미칠 수 있다.

그러므로 공사장이나 도로에서는 물론 이웃 간에도 서로서로 소음에 신경을 써주는 것이 더불어 사는 사람들이 갖춰야 할 최소한의 배려일 것이다.

소음은 아이들의 능력에 어떤 영향을 미칠까

살고 있는 집이 어디에 있는지에 따라, 소음 수준은 크게 달라진다. '그게 뭐 대수야?'하는 분들이라면, 코헨Sheldon Cohen 등이 했던 연구를 꼭 알려드리고 싶다(1973).

고층아파트가 뉴욕 시의 고속도로 바로 옆에 불가피하게 건립되었다. 고속도로를 달리는 차들 때문에 아래층은 위층보다 소음이 심했다. 연구자들은 이러한 상황을 4년 동안 관찰한 후 그 아파트에 살고 있는 아이들을 대상으로 읽기와 듣기에 관한 테스트를 실시했다. 그 결과 소음이 더 심한 층에 사는 아이들일수록 읽는 능력과 청각 변별 능력이 떨어졌다.

이처럼 소음 환경은 아동의 지적 수행능력을 방해할 수 있다. 뿐만 아니라, 아동의 정서발달을 저해할 수도 있다. 이러한 사실들은 소음에 대한 장기간의 노출이 사람에게 유해할 수 있다는 점을 단적으로 보여주었다.

단기간의 소음 변화는 문제되지 않지만 공항 근처, 철로변, 고속도로변에 위치한 집에 사는 사람들은 장기간 지속되는 소음에 적응하지 못한다. 그러므로 아동의 정서발달과 지적능력의 발달을 위해서는 무엇보다도 조용한 환경이 필요하다. 그렇다고 지금 당장 이삿짐을 싸라는 얘기는 아니다. 우선 조용한 곳으로 이사 가기 전까지만이라도 아이들 방의 방음에 좀 더 신경 쓰고, 나부터라도 이웃에 방해가 되지 않도록 노력해야 할 것이다.

45

아무리 시끄러워도
내 이름은 들린다

● 칵테일 파티 효과 ●

중소기업을 운영하는 박 사장은 같은 업종에 종사하는 사람들의 모임에 부부 동반으로 참석했다. 모임 장소는 많은 사람으로 북적였고 실내 음악 때문에 무척이나 시끄러웠다. 하지만 그렇게 시끄러운 와중에도 박 사장은 다른 사람들과 오랜만에 만나 안부도 묻고, 요즘 경제계가 돌아가는 사정 얘기도 들었다. 그러나 너무 시끄러워 다른 사람들끼리 나누는 얘기는 들을 수 없었다. 그런데 그렇게 시끄러운 와중에 어디선가 박 사장을 부르는 소리가 들린 것 같아 고개를 돌려보니 대학 동창인 친구가 저만치서 자기를 부르고 있는 것이 아닌가.

사람들은 모든 것을 전부 보고 들을 수는 없다. 정보처리능력의 한계가 있기 때문이다. 그래서 사람들은 정보를 선택적으로 받아들여 처리한다. 그렇기 때문에 사람들은 시끄러운 파티장, 나이트 클럽, 시끄러운 공사장에서도 서로 대화가 가능하다. 자기에게 의미 있는 정보만을 선택적으로 받아들이는 이런 현상을 '선택적 지각Selective Perception'이라고 한다.

칵테일 파티장에서도 많은 소리들이 귀에 들어오지만 실제로 의식되는 정보는 별로 없다. 그러다가 자기 이름을 부른 소리가 희미하게나마 들리면 돌아보는 현상도 일종의 선택적 지각이다. 특히 칵테일 파티장에서 일어나는 것과 같은 선택적 지각 현상을 '칵테일 파티 효과Cocktail Party Effect'라고 한다.

이런 칵테일 파티 효과는 어떻게 발생하는가? 그것을 알아보기 위해서는 기억이 어떻게 구성되어 있는지를 알아야 한다. 기억은 감각기억, 단기기억, 장기기억으로 구성되어 있다. 감각기억은 0.5초 정도의 아주 제한된 지속 시간을 갖는다. 하지만 저장 용량은 순간적으로 큰 편이다. 그에 비해 단기기억은 약 15~30초 정도의 지속 시간을 가지며 5~9개 정도의 저장 용량을 가지고 있다. 그리고 장기기억 장치는 거의 영구적인 지속 기간을 가지고 있고, 저장 용량은 거의 무제한이다. 칵테일 파티 효과는 감각기억이 존재하기 때문에 가능하다. 감각기억은 다시 청각에서 일어나는 잔향기억과 시각에서 일어나는 영상기억으로 나뉜다. 그중에서도 칵테일 파티 효과는 잔향기억에서 일어나는 현상이다.

감각기억에 잔향기억이 존재하고 있다는 사실은 '네 개의 귀를 가진 사람들'이라는 실험에서 검증되었다(머레이Henry Murray, 1965).

Psycho **LAB**

피험자들은 네 개의 스피커가 각각 다른 위치에 설치되어 있는 방에 홀로 앉았다. 스피커는 어디서 소리가 나는지 분간할 수 있을 정도의 거리에 떨어져 있었다. 그리고 나서 실험자들은 네 개의 스피커를 통해 다른 네 개의 단어를 제시했다. 피험자들은 그렇게 다른 스피커에서 제시된 각각의 단어가 무엇인지를 보고해야 했다. 한 조건은 네 개의 스피커 각각에서 제시된 단어 전부를 보고해야 했고(전체보고 집단), 다른 조건은 각각의 소리를 동시에 들은 후 그중 불빛으로 지정한 스피커에서 제시된 단어를 보고해야 했다(부분보고 집단).

그 결과 부분보고 집단의 정확성이 전체보고 집단의 정확성에 비해 훨씬 정확했다. 그런 현상은 바로 불빛이 제시되는 순간까지 아주 짧지만 의미 있는 잔향기억이 존재하고 있었기 때문에 가능했던 것이다.

시끄러운 카페, 나이트클럽에서 고래고래 소리를 지르며 대화할 수 있는 것도 아주 짧은 순간이긴 하지만 잔향기억이 존재하고 있기 때문이다. 그러나 그렇게 시끄러운 곳에서 무슨 말이 필요한가. 이야기를 하려거든 다른 곳으로 옮기든지, 그렇지 않으면 몸짓, 손짓, 춤 그리고 눈빛과 같은 비언어적인 커뮤니케이션을 구사하는 게 적합하다. 아무리 큰소리로 떠들어봤자 목만 쉬고 얘기도 제대로 안된다. 그럴 때는 그냥 즐겁게 노는 게 최선이다.

46

원수도 함께 지내면 친구가 된다

● 균형 이론과 관계의 원리 ●

김홍식 씨는 신입사원 연수 중에 어떤 사람이 유독 눈에 띄었다. 정말 싫어하는 스타일이었다. 좀 우울하고 폐쇄적인 성격인데다, 발표 때만 되면 잘난 척에 여념이 없다. 홍식 씨는 그저 그 사람하고만 같은 부서에 배치되지 않길 빌었다. 그러나 인사 배치를 받고 보니 같은 부서가 아닌가. 순간적으로 홍식 씨는 하늘이 노랗게 보였다. 홍식 씨는 그 사람을 어떻게 대할 것인가?

김홍식 씨를 위해, '사람은 가까이 지낼수록 호감이 늘어나기 마련'이라는 하이더Fritz Heider의 설명을 들어보기로 하자. 만약 싫어하는 사람과 이웃으로 지낸다거나 같은 기숙사 방을 쓴다고 가정해보자.

우리는 그 사람을 마주칠 때마다 불쾌할 것이고 어떻게 하면 저 사람을 안 볼 수 있을까 고민할 것이다. 그래서 절이 싫으면 중이 떠나듯 이사를 하거나 기숙사 사감에게 방을 바꿔달라고 요구할 것이다. 그러나 싫은 이웃 때문에 이사를 한다는 것은 현실적인 부담이 너무 크고, 심리적으로도 쫓겨가는 것 같아 자존심이 상한다. 기숙사 사감도 한 학기 동안은 같은 써야 한다고 하거나 다른 방이 빌 때까지는 어쩔 수 없으니 같이 생활하라고 한다. 그럴 경우 사람들은 '인지적'으로 불균형을 느껴 긴장하거나 불안해한다.

그렇다면 어떻게 해야 하는가? 하이더에 따르면, 사람들은 가만히 앉아 내내 긴장하거나 불안해하기보다는 차라리 싫은 감정을 좋은 감정으로 바꿈으로써 그러한 긴장 국면을 해소한다.

하이더는 그의 '균형 이론'에서 사람들 간의 관계를 '단위관계'와 '감정관계'로 나누었다. 여기서 단위관계는 함께 소속되는 사람이나 대상 등 하나의 단위를 이루는 관계를 가리키는데, 주로 그러한 사람들과는 기능적인 관계를 맺고 있다. 감정관계는 사람들이 어떤 사람이나 대상에 대해 갖게 되는 좋음과 싫음의 감정에 바탕을 둔 관계로, 심리적으로 불편한지 여부를 결정한다. 이 이론에 따르면 사람들은 단위관계와 감정관계 간 균형을 이루려고 한다. 더 구체적으로 말하자면, 사람들은 같은 집단의 사람들과 불편한 감정을 갖기보다는 차라리 그들을 좋아함으로써 인지적으로 균형을 이루려고 한다는 것이다.

이러한 현상을 잘 설명해주는 것이 테일러Shelly Taylor와 시어즈David Sears의 실험이다(1977).

Psycho **LAB**

실험자는 여대생 피험자들을 대상으로 두 사람씩 토론을 시켰다. 그중 한 사람은 실험자와 미리 짜고 행동하는 실험 협조자였다. 토론을 하는데 실험 협조자는 피험자의 이름을 알려줘도 잊어버리고, 껌을 질겅질겅 씹고, 피험자의 얼굴에 담배 연기를 내뿜고, 피험자가 이야기를 하면 때로 정신 나간 소리를 한다고 핀잔을 주고, 자신이 말할 때는 피험자를 쳐다보지도 않았다. 그렇게 함으로써, 피험자들은 상대방에 대해 나쁜 감정관계를 갖게 되었다.

그 다음에 실험자는 한 집단의 피험자에게 이 불쾌한 인물과 또 다른 40분간을 토의하면서 보내야 한다고 말함으로써 하나의 단위관계로 묶어주었다. 다른 집단의 피험자들에게는 더 이상의 토의는 없다고 말해줌으로써 단위관계를 형성시키지 않았다. 그런 다음 잠시 다른 방으로 가서 질문지에 응답하도록 요구했다. 질문 문항에는 피험자가 또 다른 피험자, 즉 실험 협조자를 얼마나 좋아했는지를 묻는 문항이 들어 있었다.

그 결과 앞으로 불쾌한 상대방과 토론하지 않을 것이라고 예상한 피험자들은 느낀 그대로 상대방을 부정적으로 평가한 반면, 앞으로 40분을 더 토론할 것이라고 예상한 피험자들은 상대방을 매우 호의적으로 평가했다. 두 집단 간의 평균점수 차이는 +3.78이었다.

이 실험은 부정적인 감정관계인 사람일지라도 앞으로 같은 단위관계를 형성할 사람이라면 그 사람에 대한 감정을 차라리 긍정적인 쪽으로 바꾸는 경향이 사람들에게 있음을 보여주고 있다.

사회생활이나 학교생활을 하다 보면 자신의 의지와는 상관없이 불가피하게 같은 단위관계에 묶이는 경우가 많다. 같은 단위관계에 묶인 사람들과 서로 사이좋게 지낸다면 감정관계도 별다른 문제가 없다. 그러나 만약 같은 단위관계에 묶인 사람이 지나치게 불결하거나 허풍을 떤다면 그 사람에 대한 감정관계는 부정적이 될 수밖에 없고, 그렇게 되면 단위관계와 감정관계 간에 불균형이 발생한다. 그럴 경우 사람들은 처음에는 그 단위관계에서 벗어날 방법을 강구하지만, 그것이 여의치 않으면 자신의 태도를 바꿔 단위관계와 감정관계의 조화를 이루고자 노력하는 경향이 있다.

이때 사람들은 불균형 상태를 균형 상태로 바꾸기 위해 가장 적은 노력을 들이려고 한다. 이를 '최소 노력의 원리Least Effort

Principle'라고 한다. 김흥식 씨의 경우, 자신의 태도를 바꾸는 것이 가장 적은 노력을 들이는 동시에 가장 적은 손실을 주기 때문에, 자신의 단위관계를 바꾸기보다는 감정관계를 바꾸는 쪽을 선택할 확률이 높다. 이러한 과정을 통해 가까이 있는 사람들, 특히 같은 단위관계에 있는 사람들 사이에는 호감이 늘어나게 되는 것이다.

어차피 같은 배를 타고 가야 할 처지라면 김흥식 씨도 그 사람을 미워하기보다 차라리 좋아하는 것이 마음 편하다. 그것이 쓸데없는 에너지 낭비를 줄이고 창조적인 데 에너지를 투자할 수 있게 해줄 것이다. 도저히 그 사람의 행동을 인정할 수 없다면 그 단위관계에서 벗어나는 것이 최선이다.

균형이론을 통한 대인관계의 예측

박현태 씨와 A, B는 평소에 매우 친했다. 그러던 어느 날 박씨는 A와 사소한 일로 사이가 멀어져 이제는 서로 미워하는 사이가 되어버렸다. 이들 세 사람의 인간관계는 어떻게 달라질 것인가?

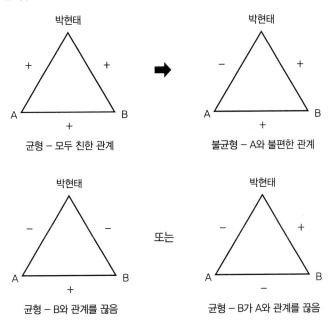

균형 : 삼각관계에서 −가 없거나 두개일 때
불균형 : 삼각 관계에서 −가 한 개 또는 세 개일 때

· 박현태씨가 취할 수 있는 대인관계 ·

여기에는 몇 가지 예측이 가능하다. 우선 박 씨와 A가 화해하면 이들의 관계는 모두 순조롭게 해결된다. 그러나 박 씨가 A와 끝내 화해하지 않는다면 이들의 관계는 모두에게 불편하다. 편안해지기 위해서는 박 씨가 B와도 관계를 끊거나, B가 A와 관계를 끊어야 한다. 그렇지 않고 박 씨와 B, 또는 A와 B의 관계가 유지되는 것은 심리적으로 불편하다.

47
좁은 공간은
속도 좁게 해
● 고립 효과 ●

1958년은 국제 지구 물리학의 해였다. 그해 세계 각국은 남극 연구를 위해 일군의 연구원과 군인을 파견했다. 그들은 지금까지 세상에 알려지지 않은 남극에 관한 정보를 수집해야 하는 중대한 책임을 맡고 남극으로 향했다. 남극을 찾은 그들이 극복해야 하는 첫 번째 과제는 남극의 혹독한 기후였다.

남극의 매서운 기후를 처음 접해보는 연구원들과 군인들은 천막 안에 갇혀서 생활할 수밖에 없었다. 장비는 자주 고장 났고, 그들은 세상과 격리된 생활을 버텨야 했다. 게다가 식수와 목욕물도 제한되어 있었기 때문에 불편은 이루 말할 수 없었다.

그런 시간이 몇 달째 흘렀다. 견디기 힘들 정도의 지루함으로 가득한 시간의 연속이었다. 시간이 지날수록 연구원과 군인은 무기력해져갔고 그들의 사기는 바닥에 떨어졌다. 그러자 집단 내에서 마찰이 일어나기 시작했고, 사소한 문제로 티격태격하는 일이 잦아졌다. 온순하고 점잖던 사람들조차 신경질적으로 변해버렸다.

오지에 떨어져 생활하는 사람들은 좁은 공간에서도 불편 없이 생활할 수 있도록 훈련을 받는다. 아니 불편하더라도 그에 잘 적응할 수 있도록 훈련을 받는 것이다. 우리나라도 남극 킹조지섬에 세종기지를 세워놓고, 거기에 파견되는 대원들을 대상으로 적응 훈련을 실시한다. 특수한 공간에서 다른 사람과 원만하게 생활하기 위한 적응 훈련을 받는 것이다. 그렇지 않으면 앞서 남극에 파견되었던 연구원이나 군인처럼 고립 효과를 경험할 수 있기 때문에 미리 적응을 시키는 것이다.

이런 현상은 비단 남극에 파견된 연구원과 군인들에게만 국한된 문제가 아니다. 잠수함을 타고 오랜 시간을 해저에서 생활하는 사람들, 우주 공간에서 우주인으로 생활하는 사람들, 좁은 하숙방을 같이 쓰는 사람들처럼 좁은 공간을 다른 사람과 함께 사용하는 사람들은 이런 경험을 할 가능성이 높다. 이처럼 좁은 공간에서 오랜 기간 동안 함께 생활할 때 심리와 행동이 격해지는 현상을 '고립 효과Isolated Effect'라고 한다. 특히 이런 현상들은 남극에 파견된 연구원들과 군인들에게서 발견된 뒤 연구되었기 때문에 '남극형 증후군'이라고도 한다.

사람도 다른 동물들처럼 자기의 공간을 방어하기 위해 노력하고, 그런 공간을 침범당하면 몹시 불쾌하게 생각한다. 사람들은 나름대로의 생활을 유지하기 위해 자기 주위의 물리적 공간을 마치 자신의 일부인 것처럼 여긴다. 그런 영역을 '개인 공간'이라고 한다.

개인 공간은 자신의 신체에서 다른 사람들의 신체에 이르는 물리적 공간이다. 그에 비해 영토는 심리적, 기능적 공간이다. 영토란 특수한 사람이나 집단이 자기의 공간이라고 주장하고 통제하는 장소나 지역을 말한다. 사람도 동물처럼 타인의 침입으로부터 자신의 영토를 보호하려는 영토 보존 행동을 한다. 특히 남자들은 더 넓은 공간을 원하기 때문에 여자들에 비해 더 많은 고립 효과가 발생한다.

사람들의 영토 보존 행동과 고립 효과의 관련성을 알아보기 위해 미국 메릴랜드주 해군병원 연구소의 알트만Irwin Altman은 일련의 실험을 했다(1975).

실험자들은 피험자들을 두 사람씩 짝지어 하나의 과제를 주었다. 두 사람은 침대, 변기, 테이블 그리고 의자가 있는 가로 3.5m, 세로 3.5m 정도 되는 방에서 열흘 동안 함께 그 과제를 풀어야만 했다. 피험자들은 공통적으로 여러 가지 작업을 매일 수 시간씩 했으나 쉬는 시간에는 독서도 하고 카드 놀이도 하면서 재미있는 시간을 보낼 수 있었다. 그러나 피험자들은 두 가지 조건으로 구분되어 관찰되었다. 한 조건의 피험자들은 실험 기간 내내 그들의 방을 떠나지 못하고 방에서만 생활해야 했다(고립 조건). 다른 조건의 피험자들은 그들의 방에서 잠을 자거나 밖에 나와도 되고, 식당에서 밥도 먹을 수 있었다(비고립 조건).

그 결과 영토와 관련된 흥미로운 사실이 관찰되었다. 비고립 조건에 있는 피험자들은 각자 독점적으로 사용하는 영역을 거의 만들지 않았다. 그에 비해 고립 조건에 있는 피험자들은 재빨리 자기의 영역을 차지하고(2층 침대) 자기의 것이라고 주장했다. 이런 현상은 실험이 진행될수록 더욱 심해졌다. 고립 조건의 피험자들은 테이블 위의 자리, 의자를 포함한 거의 모든 부분에서 자신들만의 영토를 구축하려고 했다.

이처럼 사람들은 고립이 되면 자기만의 영역을 구축해 자신의 삶을 방해받지 않으려는 심리를 가지고 있다. 물론 어떤 사람들은 집단을 효율적으로 만들기 위해 서로의 영역을 구분하기도 하지만, 대부분의 사람들은 다른 사람들과의 접촉을 막기 위한 방패물로서 영역을 사용한다. 그런 과정 속에 고립 효과는 점차 증가하고, 서로 간에 짜증과 다툼이 발생한다. 그러므로 함께 살거나, 같은 사무실을 사용할 때는 상대방의 영역을 존중해주어야 할 것이다. 남의 침대에 가서 눕거나 남의 자리에 앉는 것도 상대방의 영역을 침범하는 것이다. 그러니 남의 영역을 침범할 때는 한 번 더 신중하게 생각해보아야 할 것이다.

48

한 번 체한 음식을
쳐다보기도 싫은 이유

• 가르시아 효과 •

박민철 씨는 삼겹살은 정신 못 차릴 정도로 좋아하면서도 닭
고기는 입에 대지도 못하는 식성이다. 박민철 씨는 어린 시절에
닭고기를 먹고 심한 배탈을 앓아서 죽을 고비를 넘긴 이후로 닭
고기는 먹지 못한다. 닭고기를 먹으면 죽을 수도 있다는 두려움
이 있기 때문이다.

점심시간에 밥을 같이 먹으러 가면 특정 음식에 유난히 혐오
반응을 보이고, 음식에 들어 있는 재료를 골라내는 사람들이 있
다. 건강 때문에, 비용 때문에 그러는 경우도 있지만 아픈 경험
이 있는 경우가 대부분이다.

어떤 사람은 남들이 다 먹는 돼지고기를 먹지 못하고, 어떤 사람은 닭고기를 전혀 먹지 못한다. 심지어 어떤 사람은 라면에 들어 있는 파도 골라낸다. 사람들이 어떤 특정한 음식을 꺼리는 것은 대개 그 음식을 먹고 탈이 난 경험이 있기 때문이다.

먹는 행동과 그로 인해 나타나는 결과 사이에는 시간상으로 어느 정도 차이가 있지만, 그들 사이에는 일정한 인과관계가 존재한다. 다시 말해 닭고기를 먹고 나서 어느 정도 시간이 흐른 후에 배탈이 났다고 하더라도 닭고기와 배탈 사이에는 인과관계가 성립된다. 이와 같이 특정한 먹거리의 미각과 뒤에 따르는 결과(질병) 사이의 관련성을 학습하는 인간의 놀랄 만한 능력을 '가르시아 효과Garcia Effect'라고 한다.

가르시아 효과는 인간을 비롯한 모든 유기체들이 가지고 있는 생존 본능이다. 사람과 동물은 자기의 생명을 위협하는 먹거리를 한 번의 경험만으로도 터득하는 놀라운 재능을 가지고 있다.

북미 서부지방은 코이옷이라고 불리는 야생 이리 때문에 골치를 썩고 있었다. 이리들은 양과 다른 가축들을 닥치는 대로 마구 잡아먹었다. 그 때문에 이리를 잡길 원하는 농부와 목동, 그리고 생태학적 이유로 이리를 보호해야 한다는 동물보호론자들 사이에 논쟁이 벌어졌다. 가르시아John Garcia와 그의 동료들은 가르시아 효과를 적용해 이리들의 먹이 습성을 통제함으로써 분쟁의 해결책을 제시해주었다(1979).

실험자들은 세 마리의 이리에게 리튬염화물(역겹고, 배탈이 나게 하는 약물)로 처리한 양고기를 먹였고, 다른 세 마리에게는 같은 물질로 처리한 토끼고기를 먹였다. 이렇게 처리한 고기를 한두 번 경험한 이리들은 자신들을 병들게 한 고기는 절대로 먹지 않았다. 하지만 다른 종류의 고기는 여전히 잘 먹었다. 약물 처리된 양고기를 먹은 이리는 양고기는 먹지 않았고 토끼고기만을 먹었다. 그에 비해 약물 처리된 토끼고기를 먹은 이리는 토끼고기는 먹지 않고 양고기만 먹었다. 그렇게 해서 가르시아와 그의 동료들은 농부와 목동 그리고 동물보호자 양편 모두 만족시킬 수 있는 이리 통제 방법을 찾아낼 수 있었다.

동물뿐만 아니라 사람의 미각도 생명을 위협하는 음식에는 즉각적으로 혐오 반응을 일으키고, 그런 반응은 평생 동안 지속된다. 가르시아 효과는 자신의 목숨이 걸려 있기 때문에 단 한 번의 경험만으로도 확실한 학습이 이루어진다.

가르시아 효과는 신체가 얼마나 지혜로운지를 엿볼 수 있게 해준다. 이제부터는 특정 음식을 못 먹는 사람을 구박하지 말고 그 사람도 살기 위해 몸부림치는 거라고 받아들이고 이해하자. 그리고 남들 다 먹는 음식이나 안주를 먹지 못하는 사람들은 자기 때문에 음식 값과 안주 값이 더 많이 나올 수 있다는 사실을 염두에 두고 항상 자기가 먹은 만큼의 음식값을 낼 준비를 하는 게 어떨까.

49

'상표충성도'가 생기는 심리학적 과정

● 인지부조화 ●

어느 날 한 친구가 자동차를 사려 한다면서 내게 이런저런 이야기를 했다. 비슷한 배기량의 차들은 대개 가격이나 성능 면에서 엇비슷하고 일장일단을 가지고 있다. 그 친구는 마침내 A사의 차를 택했다. 그러더니 그날 이후 자기가 선택한 차의 장점을 자랑하며 다른 차의 단점을 늘어놓기 시작한다.

이처럼 자기가 선택한 상품에 대해 적극적인 선전자로 돌변하는 소비자를 가리켜, 경제학에서는 상표충성도Brand Loyalty가 높다고 표현한다. 그런데 이러한 상표 충성도는 왜 생기는 걸까?

사람들은 어떤 물건을 사려고 할 때, 심지어 결혼 상대를 고를 때도 많은 갈등을 하게 된다. 이 물건도 괜찮은 것 같고 저 물건도 괜찮은 것 같다. 이 사람은 능력은 있어 보이는데 인물이 좀 빠지고, 저 사람은 인물은 괜찮은데 능력이 없어 보인다.

두 조건의 차이가 현저한 경우에는 선택하기가 쉽다. 그러나 비슷한 수준일 경우 선택한 뒤에 잠시 '부조화'가 뒤따른다. 자기가 선택한 것이 과연 최선이었는가를 고민하게 되는 것이다. '인지부조화Cognitive Dissonance'는 태도들 간에, 또는 행동과 인지 간에 발생하는 심리적 부조화 상태를 가리킨다. 이때 사람들은 대개 자신이 선택한 것을 더 좋다고 생각하고 선택하지 않은 것을 나쁘다고 생각함으로써 인지적인 부조화를 감소시킨다. 상표 충성도가 생기는 이유도 이 때문이다.

브레엠Jack Brehm은 이러한 사람들의 심리를 실험을 통해 알아보았다(1956).

Psycho **LAB**

브레엠은 여대생들에게 높은 순위를 받은 상품과 그보다 순위가 몇 단계 낮은 상품 중에서 하나를 선택하도록 했다(낮은 부조화 조건). 다른 여대생들에게는 서로 비슷한 순위의 상품 중에서 하나를 선택하도록 했다(높은 부조화 조건). 낮은 부조화 조건에서는 차이가 뚜렷하기 때문에 갈등하지 않아도 된다. 그러나

높은 부조화 조건에서는 둘 다 좋은 것이기 때문에 어느 것을 선택할 건지 갈등이 발생한다.

실험 결과 두 조건은 선택 후에 빚어진 부조화 감소의 양에서 상당한 차이가 있었다. 상품들이 아주 비슷했던 높은 부조화 조건에서, 많은 부조화 감소가 일어났다. 태도 변화도 뚜렷해서, 처음에는 비슷한 선호를 보이던 물건들도 자신이 직접 선택했을 경우 그 물건을 훨씬 더 좋아했고, 선택하지 않은 물건을 훨씬 덜 좋아하는 경향이 있었다.

	선택된 물건	선택되지 않은 물건	전체 부조화 감소
높은 부조화 (비슷한 수준의 물건)	+.32	−.53	.85
낮은 부조화 (다른 수준의 물건)	+.24	−.12	.37

이 실험은 비슷한 수준이라서 어떤 것을 선택할지 고민하는 경우 의사결정 후에 더 많은 부조화가 발생하지만, 사람들은 자신이 선택한 것을 더 좋아하고 선택하지 않은 것을 더 싫어함으로써 그러한 부조화를 감소시킨다는 사실을 보여주고 있다.

이는 마치 비슷한 배우자 후보를 놓고 고민 끝에 한 배우자를 선택한 경우, 선택한 배우자의 장점을 부각하고 선택하지 않은 사람을 평가절하하면서 자신의 선택에 만족하는 사람들의 심리와 같다.

종말론과 인지부조화

인지부조화는 어떤 행동을 한 다음에 나타난 결과가 자신이 예상한 바와 다르게 나왔다는 사실을 알았을 때 흔히 발생한다.

1992년 우리나라를 떠들썩하게 했던 어떤 종교 집단의 휴거가 실패로 끝났다. 그들은 특정한 날짜에 종말이 일어나 자신들만 천국으로 올라갈 것으로 믿고 몇 날 며칠을 기도로 지새웠다. 그러나 종말은 일어나지 않았고 그들에게는 인지부조화가 발생했다. 상식적으로 휴거가 실패로 끝났을 경우 종말론자들은 자신들이 믿었던 신념이 잘못되었음을 인정하고 평소의 생활로 돌아가야 마땅할 것이다.

그러나 개중에 휴거는 단지 연기되었을 뿐 여전히 종말이 다가오고 있다고 믿는 이들도 있다. 오히려 그들은 자신들의 기도가 세상의 종말을 연기시켰다고 주장하기까지 한다. 이런 '골수파' 종말론자의 논리는 어떤 심리에서 이루어진 것일까?

종말이 일어나지 않은 사실은 인지적으로 부조화를 일으켰다. 그러나 골수파들은 휴거 실패를 인정하는 대신 자신들의 노력으로 종말이 연기되었다고 믿음으로써 그런 부조화 상태를 해소한 것이다. 그들은 아직도 일상생활을 포기한 채 최후의 날만을 기다리며 살고 있다. 과연 그날은 올 것인가?

50
혀끝에서만
맴도는 말
● 설단 현상 ●

　강유진 대리는 길을 걷다가 우연히 중학교 때의 동창생을 만났다. 반가운 마음에 요즘은 무얼 하고 지내는지, 어디에 사는지, 결혼은 했는지 짧은 시간에 이런저런 얘기를 나누었다. 친구는 "애, 유진아 너 몰라보게 예뻐졌다"며 자신의 이름을 부르는데 강 대리는 친구의 이름이 도무지 떠오르질 않는다. 알긴 알 것 같은데 그 친구 이름이 혀끝에서만 맴돌고 도무지 입 밖으로 나오질 않는다. 할 수 없이 강유진 씨는 "애 반갑다. 언제 한번 술이나 한잔 하자"면서 명함을 주곤 헤어졌다. 그리고 나서 길모퉁이를 돌아서는 순간 "아! 혜인. 이혜인이었지." 그러나 혜인이는 이미 가버린 후였다.

강유진 씨와 같은 경험을 안 해본 사람은 거의 없을 것이다. 우리는 어떤 이름이나 단어를 확실히 알고 있긴 한데 막상 떠오르지 않아 난처한 상황을 종종 경험한다. 기껏 열심히 시험공부를 하고 시험장에 들어갔는데 답이 머릿속에서만 맴돌고, 브리핑할 자료를 밤새 준비하고 외웠는데 막상 시작하면 할 말이 혀끝에서만 맴돌 경우에는 정말 난감하다. 어떤 사실을 알고 있긴 한데 혀끝에서 맴돌며 밖으로 표현되지 않는 현상을 설단현상 Tip-of-the-Tongue Phenomenon이라고 한다.

Psycho **LAB**

브라운Roger Brown과 맥닐David McNeill은 드물게 사용되는 단어의 정의를 사전에서 찾아 성인들에게 제시해주었다(1966). 그러고 나서 그것과 비슷한 의미를 가진 단어가 무엇인지를 말하도록 요구했다. 드물게 사용되는 단어들의 의미를 들려주고 그 단어를 회상하도록 함으로써 설단 현상을 유도한 것이다. 가령 '윗사람과 자리를 같이 하여 모신다는 뜻'을 들려주었다. 그랬더니 대개의 피험자들은 그 단어를 알 듯 말 듯 해 하며 설단 현상을 나타냈다. 그런 상태에 놓여 있는 피험자들에게 몇 가지 질문을 했다. "그 단어는 몇 음절로 되어 있느냐?" "단어의 첫 글자는 무엇이냐?" "그 단어의 소리는 무엇과 같으냐?" "그 단어와 비슷한 뜻을 가진 단어는 어떤 것들이 있느냐?" 단어는 '배석陪席'이었다.

　그 결과 피험자들은 단어를 정확히 회상해내지는 못하더라도 단어의 내용은 잘 알고 있는 것으로 나타났다. 가령 단어의 첫 글자는 57%, 그리고 음절의 수는 63%를 맞췄다. 그리고 그 단어와 비슷한 소리를 내는 말이나 그 단어와 의미가 유사한 다른 말들도 잘 생각해냈다.

　기억 속에 저장되어 있는 정보를 인출할 수 없을 때, 설사 언젠가는 그 정보를 떠올리게 되더라도 우리는 그 정보를 망각하고 있다고 말한다. 그러나 설단 현상에 관한 실험은 기억 속에 이용 가능한 형태로 저장된 정보라도 접근할 수 없거나 떠올리기 어려울 뿐이지 완전히 망각하고 있는 것은 아님을 보여준다.

　어느 TV 퀴즈 프로그램에서 있었던 일이다. '사면이 적병으로 둘러싸여 도움을 받을 수 없이 고립된 상황을 일컫는 고사성어는?' 한참을 생각하던 참가자는 '초려삼간'이라고 대답을 했다. '사면초가'라는 단어를 알고 있긴 했지만 그만 설단 현상이 일어나 혀가 꼬였던 것이다. 그렇다고 맞았다고 할 수도 없는 일. 결국 그 참가자는 예선에서 탈락하고 말았다.

　설단 현상은 여러 정보가 복잡하게 얽혀 있어 기억 인출에 실패했을 경우, 시험과 같이 심리적 압박이 심할 경우, 무의식적으로 어떤 것을 떠올리지 않으려고 하는 경우와 같이 다양한 이유로 나타난다. 대개 인출 실패로 인한 설단 현상은 인출 단서 Retrieval Cue를 제공해주면 쉽게 교정된다. 가령, 강 대리의 경우 친구 이름이 기억나지 않을 때 이혜인 씨의 성이나 그녀가 학교 다닐 때 몇 학년 몇 반이었다는 것과 같은 인출 단서가 주어졌다면 그 친구의 이름을 한결 쉽게 떠올릴 수 있었을 것이다. 그러나 기억하기 싫은 과거의 상처를 무의식적으로 억압해서 나타나는 설단 현상이나 조금 심한 기억상실증 같은 경우에는 근본적으로 원인을 찾아 치유하기 전에는 단서를 줘도 기억을 회상하기 힘들다.

사회생활을 하다 보면 강 대리처럼 친구의 이름이나 고객의 이름을 잘 기억하지 못할 수도 있다. 그런 설단 현상을 예방하기 위해서는 무엇보다 친구나 고객의 이름을 잘 정리해서 외워둘 필요가 있다. 그러나 어찌 모든 사람의 이름을 다 외워둘 수 있을까. 그럴 경우 강 대리와 같이 어물쩍거리며 넘어가기보다는 솔직히 "이름이 갑자기 생각나지 않는다"고 묻는 것이 더 현명한 대처 방법이다. 아니면 슬쩍 명함을 건네며 상대방의 명함을 훔쳐보든가, 연락처를 적어달라고 해서 알아채는 것도 유용한 방법이겠다.

51

멍때리는
시간의 힘

● 회상 효과 ●

최 과장은 매우 성실한 회사원이다. 그는 아침 6시부터 밤 12시까지 거의 쉬지 않고 일을 한다. 그에게는 주말도 없다. 오로지 일 그리고 일밖에 없다. 그런 그에게 한 가지 걱정거리가 생겼다. 승진하려면 토익 시험을 봐야 한다는 것이다. 영어 공부 안 한 지가 언제인데 이제 와서 영어책을 들추란 말인지. 그래도 준비는 해야겠기에 6개월 전부터 죽자 사자 매달렸다. 그런데 도무지 점수가 오르지 않는 것이다. 다른 부서 오 과장은 주말에 놀러 다니며 쉬엄쉬엄 공부하는데도 점수가 잘 나온다는데 최 과장은 그렇지가 않았다. '머리가 굳어버린 것은 아닌가'하고 생각해보기도 했지만 단지 그런 것만은 아닌 듯하다.

어떤 사람은 꾸준히 일하는데도 능률이 오르지 않고, 어떤 사람은 쉬지 않고 공부를 하는데도 성적이 잘 나오지 않는다. 사람의 능력에 따라, 그리고 얼마나 요령 있게 하느냐에 따라 능률과 생산성은 달라질 수 있다. 그런 면에서 우리에게 한 가지 시사점을 주는 실험이 있다. 그것은 일이나 공부를 할 때는 집중적으로 하는 것보다는 간격을 두고 쉬엄쉬엄하는 것이 좋다는 것이다.

Psycho **LAB**

심리학자 헐Clark Hull은 피험자들에게 회전 원판 위의 어느 점을 철핀으로 추적하는 원추적 과제를 실시했다. 요령은 주위 경계선을 닿지 않고 철핀을 정해진 선을 따라 정확하게 한 바퀴 그리는 것이다. 시행이 여러 차례 반복되자 피험자들은 더 이상 진척이 없었다. 그때 잠시 쉬고 나서 다시 피험자들에게 원추적 과제를 실시했더니 피험자들의 수행은 이전보다 훨씬 좋아졌다. 이런 현상을 '회상 효과Reminiscent Effect'라고 한다.

사람들은 어떤 일을 거듭할수록 피로가 쌓이고 주의 집중력이 떨어져 능률도 떨어진다. 그래서 잠시 쉬며 피로를 해소하면서 주의력과 집중력을 높여주어야 한다. 그러면 회상 효과가 나타난다. 회상 효과는 무엇인가를 배울 때는 쉬지 않고 몰아서 계속하기보다 적절한 간격을 유지하는 게 효과적이란 사실을 보여준다.

그러고 보면 최 과장이 왜 점수가 안 나오는지를 알 것도 같다. 최 과장은 최 씨의 시조 설화가 멧돼지인 것처럼 저돌적으로 열심히 공부하긴 했지만 스마트하게 공부했던 것은 아니다. 저돌적이라는 말은 앞일을 헤아리지 않고 일을 처리한다는 뜻이다. 그 말은 멧돼지가 목표물을 정해놓으면 머리를 숙이고 그대로 돌진한다는 데서 유래되었다. 공부나 일이나 저돌적으로 열심히 하는 것도 좋지만 적절히 휴식을 취해가면서 스마트하게 하는 것이 더 효과적이다.

학창 시절에 온종일 공부만 하는 친구들의 성적이 잘 나오지 않는 경우를 본 적이 있다. 그 친구들은 회상 효과를 알지 못하고 무조건 책만 붙들고 있었기 때문에 성적이 오르지 않았던 것이다. 얼마 전, '멍때리기 대회'라는 이색적인 대회가 열렸다는 소식이 있다. 우리가 한시도 쉬지 않고 강박적으로 무언가를 하며 사는지 알 수 있는 부분이다. 잠시도 쉬지 않고 분주하게 무언가를 하는 현대인들의 두뇌에 잠깐의 휴식이 꼭 필요하다는 사실을 기억해두자. 지금 이 순간, 하던 일을 멈추고 잠시 쉬는 것은 어떨까?

찾아보기
Index

ㄱ

가르시아 John Garcia • 249

가르시아 효과 Garcia Effect • 248~250

감정전이 Transfer of Affect • 64

감정관계 Sentiment Relation • 237~240

개입 Commitment • 154

제라드 Harold Gerard • 155

고립 효과 Isolated Effect • 243~245, 247

고백 효과 Confession Effect • 165, 167

공정세상관 Just World Belief • 142, 144

과잉정당화 Overjustification • 120

구티어스 Sara Gutierres • 57

균형 이론 Equilibrium Theory • 236, 237

그르첼라크 Janusz Grzelak • 18

극화 현상 Extremity Shift / Polarization • 176, 178, 179

ㄴ

낙인 효과 Stigma Effect/Labelling Effect • 98~100, 160

남극형 증후군 • 245

내집단 • 84, 86

ㄷ

단위관계 Unit Relation • 237~240

달리 John Darley • 183~184

닻 내리기 효과 Anchoring Effect • 196

대비 효과 • 56~59

데시 Edward Deci • 120

데어레가 Valerian Derlega • 18

데이비드 맥닐 David McNeill • 257

뎀보 Tamara Dembo • 221

도식 Schema • 28, 91

도이치 Morton Deutsch • 103, 155

독특성 효과 • 69

돌라드 John Dollard • 221

동조 Conformity • 89, 172, 178, 190~196

떠벌림 효과 Profess Effect • 152, 154, 156

ㄹ

라테인 Bibb Latane • 183, 184

랭거 Ellen Langer • 143

러너 Melvin Lerner • 144

레빈 kurt lewin • 221

레빙거 George Levinger • 22

레이븐 Bertram Raven • 175

레퍼 Mark Lepper • 120

로우셀 Jacqueline Roussel • 109

로젠탈 Robert Rosenthal • 158

로지 Irving Lorge • 65

로프터스 Elizabeth Loftus • 90

루빈 Jeffrey Rubin • 175

르 봉 Gustave Le Bon • 94

립튼 Jack Lipton • 92

링겔만 Maximilien Ringelmann • 73, 74

링겔만 효과 Ringelmann Effect • 74

ㅁ

매튜스 Kenneth Mathews • 227

맥과이어 William McGuire • 129, 131

면역 효과 Inoculation Effect • 128, 130, 131

머레이 Henry Murray • 234

모스코비치 Serge Moscovici • 178

모험 이행 Risky Shift • 177

몰개성화 Deindividuation • 93, 95, 96

면전에서 문 닫기 기법 Door-in-the-Face Technique • 121, 123~126

문간에 발 들여놓기 기법 Foot-in-the-Door Technique • 116, 118~120, 122~125, 151

뮌스터베르크 Hugo Münsterberg • 88

미카엘즈 J. W. Michaels • 79

민츠 Alexander Mintz • 223

밀그램 Stanley Milgram • 170, 173, 196

밀러 Dale Miller • 49

ㅂ

바넘 효과 Barnum Effect • 147, 150

바이스 Robert Weiss • 200

바커 Roger Barker • 221

발산 효과 • 56~59

방관자 효과 Bystander Effect • 183

배경 Ground • 61, 62

보수 이행 Conservative Shift • 177

부정성 효과 Negativity Effect • 60~62

브라운 Roger Brown • 257

브레엠 Jack Brehm • 253

비맨 Arthur Beaman • 47

비언어적 누출 Nonverbal Leakage • 209, 211

비클룬드 Robert Wicklund • 46

비티 Geoffrey Beattie • 52

비합영갈등 Non-Zero-Sum Conflict • 214

ㅅ

사회적 세력 Social Power • 174, 175

사회적 억제 Social Inhibitation • 80, 82

사회적 영향 Social Impact • 82, 191

사회적 전염 Social Contagion • 94, 95

사회적 촉진 Social Facilitation • 41, 74, 77~80

사회적 침투 Social Penetration • 17

사회적 태만 Social Loafing • 72~75, 83

샤흐터 Stanley Schachter • 198

선택적 지각 Selective Perception • 233

설단 현상 Tip-of-the-Tongue Phenomenon • 256~259

셰리프 Muzafer Sherif • 195

세이가 Andrew Sagar • 37

셀리그만 Martin Seligman • 112~114

소크라테스 효과 Socratic Effect • 164

쇼필드 Janet Schofield • 37

스노크 Diedrick Snoek • 22

스트루프 John Stroop • 140

스트루프 효과 Stroop Effect • 137, 140

시어즈 David Sears • 134

스타이너 Ivan Steiner • 75

스트라우스 Murray Straus • 223

실험자 편파 Experimenter Bias • 53

심리적 포만 Psychological Satiation • 161

ㅇ

아마토 Paul Amato • 227

아이히만 Adolf Eichmann • 169, 170, 172

알트만 Irwin Altman • 13, 16, 17, 245

애론슨 Elliot Aronson • 30, 203

애쉬 Solomon Asch • 24, 191~193, 196

액셀로드 Robert Axelrod • 219

앤더슨 Norman Anderson • 33, 62

앱슬러 Robert Apsler • 134

에임젤 Abram Amsel • 109

에크맨 Paul Ekeman • 208

엘리스 Andrew Ellis • 52

외집단 • 84~86

웰던 Elizabeth Weldon • 73

위치맨 Harvey Wichman • 215

응종 Compliance • 169, 172, 173

의식적 주의 • 138, 140, 141

인물 긍정성 편향 • 27

인지부조화 Cognitive Dissonance • 252, 253, 255

인지적 구두쇠 Cognitive Miser • 27, 28, 115

인출 단서 Retrieval Cue • 259

ㅈ

자기 노출 Self-Disclosure • 17, 21

자동적 주의 • 138~141

자발로니 Marisa Zavalloni • 178

자의식 Self-Awareness • 45~48

자종크 Robert Zajonc • 79, 80

잔물결 효과 Ripple Effect • 187, 189

전경 Figure • 61, 62

제임스 William James • 50

좌절 효과 Frustration Effect • 107~109

죄수의 딜레마 게임 Prisoner's Dilemma Game • 214~216, 219

주의 Attention • 45~47, 138, 139

주커먼 Marvin Zuckerman • 120

준거 세력 Referent Power • 174

지먼 David Zeaman • 206

짐멜 Georg Simmel • 105

짐바르도 Philip Zimbardo • 95

집단 사고 Group Think • 179

ㅊ

차단 기법 Blind Technique • 53

첸 Shisan Chen • 78

초두 효과 Primacy Effect • 25, 28

최소 노력의 원리 Least Effort Principle • 239

치알디니 Robert Cialdini • 122

친화 동기 Affiliation Motive • 197, 199

ㅋ

카시오포 John Cacioppo • 162

칵테일 파티 효과 Cocktail Party Effect • 232, 233

칼스미스 Merrill Carlsmith • 203

캐논 Lance Canon • 227

캐플란 Kalman Kaplan • 13

커니스 Michael H. Kernis • 57

커닝햄 Michael Cunningham • 227

켄릭 Douglas Kenrick • 57

코우닌 Jacob Kounin • 188

코헨 Sheldon Cohen • 230

크라우스 Robert Krauss • 103

크라우트 Robert Kraut • 100, 209

크레스피 Leo Crespi • 206

크레스피 효과 Crespi Effect • 205, 207

ㅌ

태즈펠 Henry Tajfel • 85

테일러 Dalmas Taylor • 13, 17

테일러 Shelley Taylor • 70, 238

통제력의 착각 Illusion of Controllability • 143, 146

트라이플리트 Norman Triplett • 78

트럭몰기 게임 Trucking Game • 103

ㅍ

팔머 John Palmer • 90

페스팅거 Leon Festinger • 199

페티 Richard Petty • 162

편견 효과 Prejudice Effect • 34, 35

포러 Bertram Forer • 149

포우 Donald Poe • 209

폴리아나 효과 Pollyana Effect • 61

프레이저 Scott Fraser • 118

프리드먼 Jonathan Freedman • 118

피그말리온 효과 Pygmalion Effect • 157, 158, 160

피스케 Susan Fiske • 61

피험자 편파 Subject Bias • 51, 53

ㅎ

하이더 Fritz Heider • 236, 237

합영갈등 Zero-Sum Conflict • 214

헐 Clark Hull • 261

헤이돈 William Haythorn • 16

현저성 효과 Salience Bias • 68, 69

호손 효과 Hawthorne Effect • 40~42

회상 효과 Reminiscent Effect • 260~262

후광 효과 Halo Effect • 23, 25, 33

휠러 Ladd Wheeler • 57